PROCÈS DES MINISTRES DE CHARLES X.

LYON. — IMPR. DE G. ROSSARY,
RUE SAINT-DOMINIQUE, N° 1.

PROCÈS
DES MINISTRES
DE CHARLES X,

AUTEURS ET SIGNATAIRES DES FAMEUSES ORDONNANCES DU 25 JUILLET, DERNIER ACTE DU GOUVERNEMENT DES BOURBONS;

Par J. L...s.

Les coups d'état sont toujours funestes au corps social, et rarement profitables au pouvoir.

2me PARTIE.

Prix : 2 fr. 75 cent.

LYON.
LIONS, LIBR., PLACE BELLECOUR;
CHAMBET FILS, QUAI DES CÉLESTINS.
1830.

PRÉFACE.

Le 30 juillet, jour à jamais mémorable, puisque c'est le dernier qui a éclairé une monarchie de quatorze siècles, que c'est de ce jour que datent un nouveau règne et une nouvelle administration, administration bien différente de celle qui s'est éteinte, en ce qu'elle repose sur une base solide, la liberté, la vérité, tandis que l'ancienne ne s'appuyait que sur la force et le mensonge.

Le 30 juillet, disons-nous, les ministres de Charles X, hommes de sinistre mémoire, après avoir tout sacrifié pour le succès de leurs desseins parricides, tombent de toute leur grandeur. Ils sont précipités dans l'abîme, creusé de leurs propres mains, où devaient être engloutis tant de victimes dont ils avaient depuis long-temps juré la perte, et dans leur chûte ils ont entraîné leur maître, ce roi malheureux dont ils avaient si indignement abusé de la confiance, et exploité la trop facile crédulité. Oui, cet abîme a été leur propre tombeau. Mais comment n'ont-ils pas prévu un tel résultat? comment des hommes si profonds pour combiner le mal, et si hardis à exécuter les entreprises les plus périlleuses, n'ont-ils pas su se garantir du coup qui les a atteints? Ils auraient dû au moins, lorsque déjà ils se voyaient abandonnés de tous, et jusques de l'espérance, chercher à se dérober à l'action de justice, et trouver un moyen de salut dans une fuite assurée!... Ils ne l'ont pas fait!... qu'en conclure? que penser de la pénétration de ces hommes d'état, que la faction qui les avait poussés au pouvoir, regardait comme des génies de premier ordre, d'un talent incomparable, comme des hommes enfin capables de tout entreprendre, de tout exécuter? Avaient-ils, en effet, cet esprit pénétrant qui calcule tout? Non, sans doute, ils n'ont pas même su deviner ce qui devait arriver le lendemain! En cela ils ont fait preuve qu'ils étaient dépourvus de cet instinct de conservation qui est donné à tous les êtres animés.

Ils sont tombés ces ministres inconséquens, ces audacieux fanfarons qui ont précipité du trône un roi faible, il est vrai, mais bon, qui eût fait indubitablement le bonheur des Français, s'il avait eu pour conseillers des hommes amis de leur pays, sages, judicieux, qui, loin de contrarier ses inclinations et fausser son jugement, se fussent attachés au contraire à fortifier son penchant à rendre le peuple heureux, à éclairer sa raison sur l'état de l'opinion publique, à lui rendre sensible le besoin de s'y conformer, à lui démontrer surtout la nécessité de se tenir en garde contre les préjugés et les passions de ces hauts courtisans qui présidaient à ses conseils, de ceux surtout dont le caractère sacré donne toujours une nouvelle force à leur ascendant sur l'esprit d'un monarque faible, etc. Ainsi ils auraient prévenu le résultat des conseils de ces hommes dangereux. En vain voudraient-ils se soustraire à une accusation foudroyante, sous prétexte qu'ils étaient dominés par une puissance à laquelle tout doit céder. Dans une telle position on se retire. Autre chose d'ailleurs est de ne pas faire le bien, ou de prêter son concours à ceux qui veulent faire le mal.

Ils sont tombés ces provocateurs des calamités publiques, ces hommes inhumains que l'indignation publique poursuit. Ils attendent dans la prison, qui s'indigne elle-même de leur donner asile, l'issue du procès qui s'instruit contre eux. Mais déjà ils sont jugés dans l'esprit de quiconque connaît et peut apprécier leurs actes : ce jugement est sévère mais bien mérité, puisque le crime est patent. Bientôt le bras de la justice s'appesantira sur eux, et quelle que soit la peine à laquelle ils seront condamnés par leurs juges, jamais la patrie ne se croira assez vengée, jamais les pères de famille ne cesseront de conjurer le ciel contre les bourreaux de leurs enfans, égorgés impitoyablement sous leurs yeux.

Ils sont tombés, ces conseillers perfides qui ont détourné le roi du vrai chemin dans lequel il s'était engagé par le serment le plus solennel de marcher sans jamais s'en écarter, ce roi loyal qui voulait sincèrement le bien de son peuple, et qui n'eût jamais songé à entrer dans les vues désastreuses de ses ministres, s'ils n'avaient rempli son âme de terreur par le spectre effrayant de la mort, toujours offert à ses regards, et par l'abîme des révolutions entr'ouvert sous ses pas et prêt à l'engloutir.

Les voilà ces visirs redoutables, il n'y a qu'un instant si puissans, qui semaient partout l'épouvante et la terreur, se débattant maintenant contre les furies qu'ils ont déchaînées, et réduits à chercher dans de vagues abstractions le moyen d'éviter le sort qui les attend.

Quelle leçon pour les peuples et pour les rois dans la conduite des ministres de Charles X!...

Les peuples sauront que le fléau le plus terrible qui puisse les atteindre, est d'être gouvernés par des ministres présomptueux, étrangers à tout sentiment patriotique, partisans par vanité du despotisme, et ennemis par intérêt des libertés publiques.

Les rois apprendront que le meilleur rempart de la monarchie et le plus solide appui du trône, sont l'opinion publique, ils sauront combien ils sont intéressés à ne choisir pour ministres que des gens qui ne méconnaisent point cette puissance ; que pour la sûreté de leur couronne et même de leur vie, ils ne doivent appeler à leur conseil que des citoyens élevés à l'école de la sagesse, d'un esprit éclairé, d'un caractère ferme, et amis de leur pays autant qu'attachés à leur personne.

Cet exemple terrible de ministres prévaricateurs, ne sera point perdu pour les hommes d'état, appelés aux plus hautes fonctions ; ils auront toujours présente à la pensée la catastrophe des conseillers de Charles X. Ils jugeront qu'on ne se joue pas sans péril de la justice ; qu'on n'égorge pas impunément des hommes sans défense ; qu'on ne ravit pas sans coup férir ses libertés à une nation valeureuse et éclairée, qui sent le prix de sa liberté, à laquelle nul sacrifice n'a coûté pour la conquérir. Ils réfléchiront que c'est mal servir son prince et sa patrie si l'on gouverne non dans l'intérêt de tous, mais d'un très-petit nombre d'hommes privilégiés, jamais satisfaits et toujours plus exigeans.

Voilà les réflexions que nous ont suggérées les ministres de Charles X, ces hommes exécrés dont le nom est flétri dans l'esprit des contemporains, et dont les actions seront frappées d'anathême dans l'histoire. Tels sont les hommes que la nation accuse, que la rumeur publique poursuit, que le sang qui crie vengeance, signale, ces hommes, il n'y a qu'un instant, si audacieux, si insolens, que les représentans de la nation ont mis en état d'accusation, et que la chambre des pairs, conservatrice des drois français, constituée en cour judiciaire, est appelée à juger en dernier ressort.

L'acte d'accusation établira toutes les circonstances et la nature des griefs qu'on leur impute, et de la discussion de tous les chefs d'accusation, faite dans l'intérêt de la défense, naîtra la conviction des juges, ce qui permettra à la haute cour souveraine de prononcer en toute connaissance de cause, et d'appliquer, s'il y a lieu, telle disposition du code pénal que l'instruction du procès aura fait trouver juste et légitime.

Avis des Éditeurs.

Nous retracerons ce qui a été dit à la tribune de l'une et de l'autre Chambre, pendant ce mémorable procès. Nous rapporterons le détail des interrogatoires des accusés, les dépositions des témoins, les plaidoiries textuelles, soit des commissaires du gouvernement, soit des commissions de la Chambre des Députés, les plaidoiries des avocats, tous les discours, en un mot, auxquels les débats donneront lieu, ainsi que le jugement qui interviendra.

Toutes ces circonstances, celles aussi non moins dignes de remarque qui ont précédé et suivi l'arrestation des ministres, seront mentionnées dans ce procès, un des plus célèbres que puissent offrir les annales de la révolution, des plus utiles surtout pour l'instruction des peuples et des rois.

PROCÈS

DES

MINISTRES DE CHARLES X.

Deuxième Partie.

DÉPART DES MINISTRES DE SAINT-CLOUD.

Le 30 juillet 1830, lorsqu'on eût appris à St-Cloud les terribles événemens qui venaient de se passer à Paris, que l'on eût acquis la certitude que la cause du peuple avait triomphé de l'horrible faction qui voulait l'anéantissement de sa liberté, on se jugea frappé du coup de la mort; la Cour, les Grands, les Ministres étaient tous dans une désolation difficile à exprimer. Que faire dans une circonstance aussi impérieuse? chacun dut se livrer aux plus tristes réflexions. Les Ministres n'étaient pas assez aveuglés sur leur position pour négliger de s'occuper immédiatement des moyens de se mettre en sûreté, aussi disparurent-ils aussitôt. Mille bruits circulaient sur leur compte, chacun en parlait, ou d'après ses désirs ou d'après ses craintes. Une inquiétude générale se manifesta sur la crainte qu'ils ne parvinssent à se sauver en pays étrangers. Cependant l'autorité était sur leurs traces, et bientôt on fut instruit que la nouvelle assez accréditée que M. de Polignac s'était réfugié à Bruxelles, n'avait aucun fondement, ainsi que celle qui fut répandue après, qu'il était arrivé à Londres. Ils étaient l'objet de toutes les conversations, on faisait mille conjectures lorsqu'on apprit l'arrestation successive de M. de Peyronnet, de M. de Chantelauze, enfin celle de M. de Polignac. Cette nouvelle fut reçue avec la plus vive satisfaction : on se la communiquait, on se livrait à l'espérance que les auteurs de tant de larmes arrachées à la douleur, de tant de sang versé pour satisfaire leur haine et arriver au terme de leurs désirs, subiraient la peine réservée aux plus grands coupables, etc., etc., etc.

Ici, cessent toutes observations de notre part, nous ne serons plus que les fidèles copistes des relations les plus véridiques sur l'arrestation des ministres de Charles X; nous donnerons tous les détails qui se rattachent à ces fameux personnages, depuis le jour de leur arrestation jusqu'à celui de leur jugement, nous ferons connaître aussi ce jugement et tout ce qui interviendra y relatif.

DÉTAILS SUR L'ARRESTATION DE M. PEYRONNET.

Tours, le 8 août 1830.

Le 2 août, à midi, je rentrais à la mairie, j'aperçus sur la place de l'Hôtel-de-Ville un cabriolet entouré d'un grand nombre de gardes nationaux, je m'informai et j'appris qu'il appartenait à un courrier de la maison de Rotschild qu'on venait de conduire chez le maire. Je rencontrai le courrier à l'instant où il sortait du cabinet du maire, qui lui avait permis de continuer sa route. Je l'interrogeai, il me répondit avec beaucoup de franchise qu'il avait rencontré, aux environs de Vendôme, un voyageur en cabriolet et qu'il lui avait demandé la permission de voyager avec lui en partageant les frais de poste, qu'arrivé à Tours le voyageur était descendu pour examiner le pont, et qu'ils s'étaient donné rendez-vous à la poste. Je fis conduire la voiture et le courrier à l'hôtel de la Poste, et je m'y rendis avec lui pour y attendre le voyageur inconnu. J'envoyai deux gardes nationaux à la barrière des Portes-de-Fer pour empêcher la sortie de tous les étrangers.

Le bruit se répandit bientôt que l'inconnu était le prince de Polignac. On amène un enfant qui dit avoir rencontré un monsieur, vêtu d'une redingote bleue, dans l'avenue de Grammont. Le signalement et le costume étaient conformes à ceux donnés par le courrier. La garde nationale à cheval se disposait à se mettre à sa poursuite lorsque les deux gardes nationaux, placés aux Portes-de-Fer, le ramenèrent. Je l'interrogeai aussitôt, il me présenta un passe-port délivré à Chartres sous le nom de *Cambon*, né à *Latour*, habitant Paris, et signé *Belliard*. La signature *Cambon* ne ressemblait en rien à celle de M. de Peyronnet que j'avais vu quelque jours auparavant sur la lettre close de M. Bacot-Calmelet, notre député. Son attitude était calme, mais ses réponses étaient vagues et embarrassées. Pressé par mes questions il finit par me dire : *si je vous disais cela vous sauriez tout.* Une réponse aussi bizarre fit presque cesser tous mes soupçons, je ne pouvais pas supposer que M. de Polignac ou M. de Peyronnet pût répondre si maladroitement.

Le général Alava, membre des anciennes Cortès d'Espagne, fut introduit et nous donna l'assurance que le détenu n'était pas le prince de Polignac qu'il avait connu en Angleterre. Je retournai alors vers l'inconnu et je lui dis : « Si vous avez « appartenu à la maison civile ou militaire de « Charles X, dites-le sans crainte, vous allez conti- « nuer librement votre route, nous ne poursuivons « que les coupables auteurs des funestes ordon- « nances. » Il répondit en souriant que nous lui donnions une importance qu'il n'avait pas. Cependant deux personnes présentes croyaient reconnaître M. de Peyronnet. Parmi elles se trouvait un habitant de Tours qui avait sollicité, en 1822, la grâce de Sirejean. On fit venir un jeune homme qui avait travaillé dans ses bureaux et qui déclara formellement ne pas le connaître. Alors un nommé *Bucheron* qui était au nombre des assistans, prenant la parole, lui dit, après s'être avancé vers lui et l'avoir bien examiné, vous êtes très-positivement M. de Peyronnet, je vous connais : c'est vous qui en 1822 avez fait fusiller M. Sirejean. J'ai été moi-même chez vous pour vous prier de solliciter sa grâce auprès du Roi, et je n'oublierai jamais votre dureté et la manière dont vous m'avez reçu.—Vous vous trompez, Monsieur, vous pouvez trouver dans mes traits quelque ressemblance, il n'y a que cela de réel. Malgré un témoignage si concluant, l'assurance du prévenu était telle qu'on pouvait hésiter encore. Cet état d'incertitude durait depuis deux heures, lorsque un juge-de-paix des environs de Tours me fit demander dans une rue voisine, il me déclara que le prisonner était M. de *Peyronnet*, qu'il le reconnaissait parfaitement. Au même instant on fit entrer un ancien procureur-général, destitué par M. de Peyronnet, il le salue et le reconnaît. Dès ce moment il ne lui fut plus possible de garder l'*incognito*, et avec cet air de fierté qu'on lui connaît, il dit, en promenant un regard plein d'assurance sur les personnes qui l'entouraient, *oui Messieurs*, *je suis M. de Peyronnet*, puis s'adressant à la personne qui venait de le reconnaître : *Monsieur*, lui dit-il, *vous pouviez aujourd'hui me sauver la vie !* C'était une erreur, car avant que cette personne n'eût parlé il était déja reconnu. Il me fit signe de m'approcher de lui, et me dit : « mon

» arrestation est peut-être nécessaire, mais elle » n'est pas constitutionnelle, je ne puis être dé» tenu que de l'ordre de la Chambre des Dé» putés, et je réclame les priviléges de la pairie. »

Cependant des scènes bien alarmantes se passaient à l'extérieur, le peuple s'était rassemblé à l'hôtel de la Poste. La porte était gardée par un piquet de gardes nationaux ; l'officier qui les commandait nous faisait dire à chaque instant que l'exaspération était à son comble et qu'il n'y pouvait plus tenir. MM. Julien, avocat, Chalmel et moi harangâmes le peuple et parvînmes à le calmer. Il exigeait que le prisonnier dont le nom, que nous nous efforçions de cacher, était répété dans tous les groupes, traversa la ville à pied. Nous transigeâmes, et il fût convenu qu'il serait transporté dans une voiture découverte.

Les préparatifs du transport et la nécessité d'un mandat pour l'écrouer demandèrent beaucoup de temps. Au moment du départ, je lui donnai mes lunettes pour le déguiser. M. Chalmel et M. Duboy, officiers de la garde nationale, montèrent avec lui dans la voiture ; MM. Bucheron, de Vilde, Julien et moi marchions en avant pour calmer la multitude. Nous provoquions partout sur notre passage des cris de *vive la Charte*, pour couvrir les cris de *mort à Peyronnet*, qui sortaient de quelques groupes. Arrivé à la prison, il témoigna à la garde nationale sa reconnaissance, et il ajouta : « Messieurs, je ne pouvais pas croire » que vous eussiez assez d'influence sur le peuple » pour me sauver la vie ! »

Pendant qu'on préparait sa translation, il s'entretenait volontiers des événemens politiques et des causes qui les avaient amenés. « Je pourrais me » justifier, disait-il, en accusant mes collègues; » mais je ne le ferai pas. » Cependant il s'avoue l'auteur de l'ordonnance sur les élections.

La garde-nationale le garde à vue : il montre un caractère très-ferme et beaucoup de sang-froid.

Nota. Il y a quelques jours, des paysans nous ont amené deux inconnus, l'un a déclaré être M. de Chantelauze; l'autre s'obstine à vouloir passer pour un domestique; mais hier deux personnes de Limoges l'ont parfaitement reconnu pour être M. Guernon-Ranville.

DÉTAILS

SUR L'ARRESTATION DE MM. DE CHANTELAUZE ET GUERNON-RANVILLE.

M. de Chantelauze, ex-garde-des-sceaux, a été arrêté aussi près de Tours; son arrestation présente des circonstances aussi curieuses que celle de M. de Peyronnet.

Suivi d'un seul domestique, il avait quitté Rambouillet dans la nuit du 30. Il était vêtu d'un mauvais habit noir, il avait aux pieds des bottes percées, et, pour toute fortune, trois francs dans sa poche.

Arrivé aux portes de Tours, il aperçut le drapeau tricolore : il rebroussa chemin, et il se dirigea vers une petite commune éloignée d'environ une lieue et demie de la ville. Le délabrement de son costume avait inspiré quelques soupçons. Il fut conduit à Tours, où ayant refusé de faire connaître qui il était, et ne pouvant produire aucun papier, il fut conduit à la prison. M. de Chantelauze se fit alors connaître et réclama l'inviolabilité attachée à sa qualité de député : la réponse suivante lui fut aussitôt faite.

« En qualité de député de la nation votre per-
» sonne est inviolable, mais en qualité de garde-
» des-sceaux vous êtes déclaré traître à votre
» pays, et nous devons nous assurer de votre
» personne ; et il fut conduit dans la même prison
» que M. de Peyronnet. »

On apprit le même jour l'arrestation de M. Guernon-Ranville, ex-ministre de l'instruction publique.

Le jour qu'on saisit à Tours M. de Chantelauze, on saisit aussi un individu qui se donna, au premier interrogatoire, pour un domestique, et c'était en effet l'individu qui jouait le rôle de domestique de M. de Chantelauze, qui avait opiniâtrement refusé de faire connaître son nom, et qui depuis son entrée en prison s'était révolté, et qu'on s'était vu forcé de mettre au cachot.

Ce prétendu domestique n'était autre que Guernon-Ranville. Interrogé par la commission municipale, il affectait de mal parler français, et dans un moment qu'on le pria d'écrire, il fit quantité de fautes d'orthographe. Ces dernières circonstances mirent sur la voie de la vérité, on présuma que tant d'ignorance affectée indiquait par là même notre ex-ministre de l'instruction publique, et bientôt on en eut la conviction, ayant été reconnu par un voyageur qui l'avait vu et connu à Paris.

DÉTAILS SUR L'ARRESTATION DE M. DE POLIGNAC.

M. de Polignac, qu'on a vu jusqu'au dernier instant persister dans ses désastreuses mesures, avait pris le parti de disparaître au moment où ses ordres avaient eu un résultat contraire à son attente. Il s'était comme perdu dans la foule, déguisé en domestique de la suite de Charles X, il avait très-bien réussi à se rendre méconnaissable, et le domestique de confiance avait suivi les voitures dans une parfaite tranquillité; point de doute que sous ce déguisement, M. de Polignac ne fût parvenu à s'embarquer avec la suite de son maître, mais accoutumé à se séparer toujours de celui qu'il a fini par perdre, et craignant probablement quelque effet du ressentiment des gardes-du-corps qui prononçaient son nom avec imprécation, M. de Polignac crut, aux approches de Cherbourg, devoir prendre une autre route, et chercher un autre moyen de se soustraire aux poursuites dirigées contre lui : ainsi, toujours dans son costume de domestique et continuant d'en jouer le rôle, il monte dans un cabriolet, c'était celui de Mme la marquise Lepeletier de St-Fargeaux, native de Paris et demeurant à Montereau, qui avait pris un passe-port à Caen, le 10 août, pour elle et un domestique; et il se disposait à s'embarquer pour Jersey à la suite de cette dame, lorsqu'il fut arrêté, le 16 août, à neuf heures du soir, sur le port, à Granville, par les habitans du département de la Manche, et conduit à Saint-Lô. Il fut aussitôt interrogé, et il ne chercha point dans ce mement à invoquer l'inviolabilité en sa qualité de pair, comme avait fait M. de Peyronnet et M. de Chantelauze. On remarqua que pendant que le greffier écrivait l'intitulé du procès-verbal, il parcourut en souriant la nouvelle Charte, qui se trouvait sur le bureau. Personne ne se trouvant là qui le connût, on fit apporter un de ses portraits, afin de le comparer à l'original. Il demanda lui-même à le voir, et le tenant à la main, c'est bien, dit-il, le portrait de M. de Polignac, mais *c'est un de mes anciens portraits*, à cet aveu on ne fut plus en peine de s'expliquer sur l'identité.

Voici l'interrogatoire auquel il fut soumis, et ses réponses.

D. Quels sont vos nom, prénom, âge, qualité, lieu de naissance?

R. Auguste-Jules-Armand-Marie, prince de Polignac, pair de France, âgé de cinquante ans, né à Paris, domicilié à Paris.

D. Vous avez été arrêté à Granville : qu'y alliez-vous faire ?

R. J'allais passer à Jersey.

D. Quel motif vous engageait à passer à Jersey?

R. D'après toutes ces malheureuses affaires, et *je craignais d'être inquiété*.

D. N'est-ce pas vous, l'ancien président du conseil des ministres, et comme tel, signataire du rapport au roi et des ordonnances du vingt-cinq juillet ?

R, Oui.

Nota. Nous croyons faire plaisir au lecteur en mettant ici sous ses yeux les nouveaux détails qu'on a pu se procurer sur l'arrestation de l'ex-président du conseil des ministres.

M. de Polignac, (est-il dit dans cet autre rapport), voyant qu'on était sur ses traces, se cacha d'abord auprès de *Saint-Hilaire Dubarcourt*, petit bourg d'Avranches, chez un vieux gentillâtre, M. Bourblanc d'Apperville. Là un sieur Jemolé, ancien directeur de la police à Gand, est allé le prendre, et l'a conduit à travers le pays, déguisé en domestique. Il a été arrêté dans un méchant cabaret; il eut d'abord l'air de faire résistance, mais la bonne contenance de ceux qui l'avaient arrêté réprima cet élan, et il se vit forcé de se livrer pour être déposé dans la prison de la ville.

La nuit où il a été pris, il devait s'embarquer sur les deux heures; il attendait avec impatience l'instant où il pourrait être en sûreté. Son attente fut trompée. Sur les onze heures deux gardes nationaux de Granville pénétrèrent dans sa chambre, malgré l'attestation de l'aubergiste, qu'il était parti. Au moment où ils entrèrent, il se détourna et cacha sa tête dans ses deux mains. — Avez-vous des papiers, lui dirent ces deux gardes nationaux ? — Non, eh! de quel droit me demandez-vous cela ? — Si vous n'en n'avez pas, nous allons toujours vous conduire en prison. En vain Madame de Saint-Fargeaux avec une audace peu commune, parut protester contre cette arrestation qu'elle disait arbitraire, M. de Polignac fut arrêté, garroté et conduit à la prison de la ville où il passa la nuit.

Le lendemain matin comme on manquait de chevaux pour le conduire au chef-lieu, on le fit monter dans la diligence, et quelques gardes nationaux de bonne volonté auxquels se joignirent en route des volontaires de la garde nationale de Coutances qu'il traversa pour arriver à Saint-Lô, l'accompagnèrent en armes.

Arrivé à Saint-Lô, il est immédiatement conduit à la préfecture, où s'était réunie la commission départementale, et où bientôt arrivèrent M. le procureur du roi et le juge d'instruction. M. le procureur du roi prétendit, ce qui parut fort étrange, que pour plusieurs raisons le juge d'instruction devait se déclarer incompétent. Il invoquait la lettre de la Charte en faveur de celui-là même qui l'avait foulée aux pieds, et qui d'ailleurs s'était mis en dehors de toutes les lois. Il avait sonné le tocsin de la guerre civile et amené les citoyens à se battre les uns contre les autres. Le droit naturel, comme le droit des gens, autorise en pareil cas chaque citoyen à saisir son ennemi partout où il le trouve. Et telle fut la pensée de la commission départementale ; c'est pourquoi elle ordonna le dépôt de M. de Polignac dans une maison, jusqu'à ce que le gouvernement à qui une estafette fut expédiée à cette fin, eût donné des ordres, et M. Dubien jeune, avocat du barreau de Saint-Lô, offrit la sienne.

M. de Polignac, qui avait pu juger de l'effervescence populaire, demanda pour sa propre sûreté qu'on voulût bien lui donner la prison pour asile. Il y fut conduit au milieu d'une double haie de gardes nationaux et de troupes de ligne, pour imposer davantage au peuple qui faisait entendre des vociférations de sinistre augure, les membres de la commission départementale et municipale avaient placé l'ex-ministre au milieu d'eux, et cependant ce n'est qu'avec des efforts inouis que la force armée qui l'escortait put franchir, au milieu de plus de deux mille habitans, le court trajet de cent cinquante pas environ qu'il avait à faire. Des bras s'avançaient à travers les rangs pour le saisir : on a vu un homme le menacer d'un pistolet, et les cris de *mort à Polignac*, *il faut le pendre*, *le brûler* ! se faisaient entendre. Il était pâle de fatigue et d'effroi, et n'osait promener ses regards autour de lui.

Les postes de la garde nationale et de la ligne furent doublés. Un officier de l'une et de l'autre arme, et deux fusiliers veillaient dans sa chambre, deux autres fusiliers, sur le palier ; et cinq sentinelles se promenaient nuit et jour autour de sa prison.

Le prince demanda du papier et de l'encre pour écrire au ministre de l'intérieur. Il avait commencé sa lettre par l'antique formule *Monseigneur*, mais sur l'observation qui lui fut faite de la nouvelle ordonnance qui supprimait cette formule, il raya le mot *Monseigneur* en riant, et le remplaça par le mot *Monsieur*.

M. de Polignac dit, dans son interrogatoire, qu'il n'avait jamais voulu sortir de la charte, qu'il avait résisté aux ordonnances, *qu'il n'avait cédé qu'à une volonté supérieure et que les pièces saisies chez lui le prouveraient*. Il demanda comme une grâce la permission de rester à St-Lô, et de retarder les poursuites contre sa personne, espérant que ce délai calmerait les passions qu'il croyait seules, disait-il, déchaînées contre lui.

L'ex-ministre reconnut dans un lieutenant de gendarmerie un ancien volontaire royal de 1815, avec lequel il paraît avoir eu alors des relations, et comme ils commençaient à se parler à voix basse, on crut devoir les inviter à parler haut ou à cesser cet entretien. M. Destournel, ancien préfet de la Manche, demanda une entrevue particulière avec M. de Polignac, ce qu'on crut devoir aussi lui refuser.

Nota. Voici la lettre, pièce très-remarquable, que l'ex-ministre écrivit de Saint-Lô, à M. Guizot, ministre de l'instruction publique :

Le 17 août 1830.

Monsieur le baron,

« Arrêté à Granville au moment où, fuyant les tristes et déplorables événemens qui viennent d'avoir lieu, je cherchais à passer à l'île de Jersey, je me suis constitué prisonnier entre les mains de la commission provisoire de la préfecture de la Manche; le procureur du roi de l'arrondissement de Saint-Lô ni le juge d'instruction, n'ayant pu, d'après les termes de la Charte, décerner un mandat contre moi, dans le cas, ce que j'ignore, où le gouvernement ait donné des ordres pour m'arrêter. Ce n'est que de *l'autorité de la Chambre des pairs*, dit l'art. 29 de la Charte actuelle, conforme en cela à l'ancienne Charte, *qu'un membre de la Chambre des pairs peut être arrêté.* Je ne sais ce que fera la chambre à ce sujet, et si elle mettra sur mon compte les tristes événemens de deux jours que je déplore plus que qui que ce soit, qui sont arrivés avec la rapidité de la foudre au sein de la tempête, et qu'aucune force, aucune prudence humaine ne pouvaient arrêter (ici plusieurs membres font des signes d'impatience, d'incrédulité, ou de dédain), puisqu'on ne savait, dans ces terribles momens, à qui entendre ni à qui s'adresser, et qu'on ne pouvait tout au plus que défendre ses jours.

« Mon désir, monsieur le baron, serait qu'on me permît de me retirer chez moi, pour y reprendre les habitudes d'une vie paisible, les seules qui soient conformes à mes goûts, et auxquelles j'ai été arraché malgré moi, comme le savent ceux qui me connaissent. Assez de vicissitudes ont rempli mes jours, assez de revers ont blanchi ma tête dans le cours de la vie orageuse que j'ai parcourue ; au moins ne peut-on me reprocher, dans les momens de ma prospérité, d'avoir jamais conservé aucun souvenir d'aigreur contre ceux qui avaient peut-être abusé de leur force à mon égard, dans les temps de mon adversité. Et en effet, monsieur le baron, où en serions-nous, tous tant que nous sommes, au milieu de ces changemens continuels que présente le siècle où nous vivons, si les opinions politiques de ceux qui sont frappés par la tempête devenaient des délits ou des crimes aux yeux de ceux qui embrassent des opinions politiques plus heureuses ?

« Si je ne pouvais obtenir la permission de me retirer tranquillement dans mes foyers, je désirerais qu'il me fût permis de me retirer à l'étranger avec ma femme et mes enfans. Si enfin la chambre des pairs voulait prononcer mon arrestation, je désirerais qu'elle fixât le lieu où je serais retenu, au fort de *Ham* en Picardie, où j'ai longtemps été détenu dans la longue captivité que j'ai éprouvée dans ma jeunesse, ou dans quelque citadelle commode et spacieuse à la fois. Ce lieu (Ham) conviendrait mieux que tout autre à l'état de ma santé affaiblie depuis quelque temps, et altérée surtout depuis les derniers événemens qui se sont passés.

« Les malheurs de l'honnête homme doivent mériter quelques égards en France; mais, dans tous les cas, monsieur le baron, il y aurait, j'oserais presque dire, quelque chose de barbare à me faire amener dans la capitale dans un moment où tant de préventions ont été soulevées contre moi, préventions que ma seule voix ne peut apaiser, que le temps seul peut calmer. Depuis long-temps je ne suis que trop accoutumé à voir toutes mes intentions représentées sous le jour le plus odieux.

« Je vous ai soumis tous mes désirs, monsieur le baron; je vous prie, ignorant à qui m'adresser, de vouloir bien les soumettre également à qui de droit, et d'agréer ici l'assurance de ma considération.

Le prince DE POLIGNAC.

« *P. S.* Je vous prie également de vouloir bien me faire accuser réception de cette lettre. »

ARRIVÉE DES EX-MINISTRES, PRISONNIERS A VINCENNES, DANS LA NUIT DU 27 AOUT.

Le gouvernement savait que les quatre ex-ministres arrêtés, arriveraient la nuit dernière. Un piquet de garde nationale à cheval, avait été dirigé à une heure du matin vers Mont-Rouge, où un officier de l'état-major général de la place, attendait la voiture qui amenait les prisonniers. A trois heures, cette voiture a paru : le détachement de la cavalerie parisienne l'a entourée, et a accompagné jusqu'à Vincennes, MM. Peyronnet, Guernon-Ranville et Chantelauze. Ce dernier occupait le coupé de la diligence, ayant à ses côtés deux gardes nationaux de Tours. M. Peyronnet avec cinq autres gardes nationaux était dans l'intérieur ; dans la rotonde était M. Guernon-Ranville également bien gardé. Vers sept heures, M. de Polignac, sous l'autorité d'un officier d'état-major, est arrivé dans une voiture particulière : il était parti incognito de Saint-Lô, en vertu d'un ordre de translation de l'autorité supérieure, donné en même temps que celui pour la translation des autres ex-ministres.

M. le procureur-général et M. le procureur du roi, attendaient à Vincennes les prévenus, qui furent écroués dans l'appartement qui leur avait été préparé. MM. Chantelauze et Guernon-Ranville paraissaient abattus. M. *de Ranville*, a nié, dit-on, qu'il fût M. de Ranville : il ne répondait pas à ce nom. MM. de Peyronnet et de Polignac faisaient bonne contenance.

C'est M. Gilet, capitaine de gendarmerie à Tours, qui a été chargé d'amener à Paris les ex-ministres de Charles X, qui étaient détenus dans cette ville. L'ordre de leur translation était arrivé le 25 au soir. M. Naudé, aide-de-camp du ministre de la guerre, et Foy, neveu de l'ancien général, aide-de-camp du général Lafayette, en étaient les porteurs. On était parti de Tours à deux heures et demie du matin.

L'escorte se composait d'un officier de la garde nationale, M. Berger; de dix gardes nationaux, d'un brigadier et de quelques gendarmes. Il y avait des estaffettes en avant pour observer le pays et éclairer la route.

La route s'est faite sans descendre : on mangeait dans la voiture. MM. Peyronnet et Guernon-Ranville n'ont rien voulu accepter, rien voulu manger pendant le voyage. Le premier était fort calme; le second, très-brusque; et M. Chantelauze paraissait triste et abattu.

Les trois prisonniers étaient placés séparément, et ils ne se sont vus qu'à leur descente à Vincennes, où ils sont arrivés, comme nous l'avons dit, à quatre heures du matin. Le voyage s'est fait sans trouble : seulement à Chartres, les voitures ont été entourées par un rassemblement de sept à huit cents personnes, qui demandaient que l'on fît descendre les prisonniers, surtout pour voir M. de Peyronnet. Bientôt tout fut calme, et l'on put se remettre en route.

Ces prisonniers à leur arrivée, avaient d'abord été placés dans des chambres séparées, au troisième étage de la partie du château, donnant sur le poligone. Sur les cinq heures, on les fit descendre pour les distribuer dans les quatre tours du donjon. Les portes de chacune des pièces qu'ils occupaient communiquaient à une grande salle centrale qui fut disposée de manière à recevoir la commission de la Chambre des députés, lorsqu'elle irait au château interroger les prisonniers.

M. de Polignac, ayant témoigné le désir d'occuper au donjon la même chambre dans laquelle il avait été enfermé en 1802, lors de l'affaire de la machine infernale, sa demande lui fut accordée.

La garde nationale de Paris formait la haie. Pendant la translation des prisonniers, M. de Polignac s'est incliné en passant devant le peloton, tenant sa casquette à la main. M. de Peyronnet a gardé son chapeau enfoncé sur la tête, traversant les rangs d'un air dégagé.

Le général Daumenil, commandant la garnison du fort, donna des ordres pour que les prisonniers fussent traités convenablement, et de la manière la plus humaine.

La commission nommée par la Chambre des députés pour instruire le procès des ex-ministres, poursuit ses travaux avec activité; déjà les quatre ministres enfermés au château de Vincennes, ont subi interrogatoire. Le secret a été levé, et ils ont pu communiquer avec leurs défenseurs, dont ils ont déjà fait choix : mais comme ils peuvent revenir sur un tel choix, nous ne parlerons pas de ceux qu'on désigne aujourd'hui. D'ailleurs MM. de Peyronnet et Guernon-Ranville n'ont fait choix encore de personne.

La commission, présidée par M. Daunou, a fait entendre de nombreux témoins. On croit que les informations ont principalement porté sur les négociations qui ont eu lieu, tant au château des Tuileries qu'à Saint-Cloud, dans les journées des 28, 29 et 30 juillet. Aux termes de son mandat, la commission s'est fait remettre des pièces et des correspondances qui révèleront sans doute des faits curieux.

Plusieurs journaux ont annoncé que la procédure s'ouvrira devant la Chambre des pairs, dans le courant d'octobre. Cette assertion laisse supposer que la cour des pairs ne jugera pas à propos du droit qu'elle aurait, d'ordonner un supplément d'instruction. Il faut observer de plus qu'en cas de mise en accusation de tous les ministres, les fugitifs, MM. de Montbel, d'Haussez et Capelle s'y trouveront compris. La cour des pairs croira sans doute convenable, comme elle l'a fait lors de la conspiration dite du 19 août 1820, d'instruire à la fois le procès des accusés présens, et celui des contumaces : or le Code d'instruction criminelle a fixé des délais et tracé des règles, dont la cour des pairs n'est point affranchie. Nous ne parlerons pas ici de tant de circonstances qui compliquent une affaire de ce genre, seulement nous ferons remarquer qu'en raison de tout cela, il est bien difficile que les débats de cette immense cause, puissent s'ouvrir avant la fin d'octobre, ou le commencement de novembre.

Gazette des tribunaux du 8 septembre.

La commission a rempli les devoirs qui lui étaient imposés, en conciliant tout ce qu'exigeait l'intérêt public dans cette grave circonstance, avec tout ce que l'humanité pouvait réclamer en faveur des hommes placés aujourd'hui sous le poids d'une terrible accusation. Il est vrai pourtant que les ex-ministres ont protesté autant qu'il était en eux contre la dernière mesure qu'on avait prise pour empêcher toute communication au dehors : ils ne pouvaient même parler avec leur avocat qu'à travers une grille, et en présence d'un gardien. M. de Peyronnet s'est refusé à conférer avec son avocat ; les autres ne se sont présentés à leurs défenseurs que pour faire leur protestation ; mais cette mesure rigoureuse n'avait point été ordonnée par la commission. Ajoutons que les avocats se sont rendus hier auprès de l'un des membres, et qu'il est plus que probable qu'au moment où nous écrivons la défense a été levée, pour eux du moins, et qu'ils ont pu communiquer librement avec leurs cliens.

Gazette des tribunaux du 17 septembre.

PROPOSITION A LA CHAMBRE DES DÉPUTÉS, LE 13 AOUT, DE METTRE EN ACCUSATION LES MINISTRES DE CHARLES X.

Dans la séance de la Chambre des députés du 13 août, M. Eusèbe Salverte a proposé de mettre en accusation les ministres signataires des ordonnances du 25 juillet. La chambre entière a voté pour la prise en considération de cette proposition. Conformément au réglement de la Chambre, une commission a été nommée pour l'examiner, et par décision du 20 août, cette commission a été autorisée à exercer tous les pouvoirs appartenant aux juges d'instruction et à la chambre du conseil.

Quelques personnes ont regardé ces mesures comme inutiles : « A quoi bon, disaient-elles, se livrer aux longueurs et aux difficultés d'une enquête judiciaire? Pourquoi différer le châtiment? quand le crime est flagrant, quand le sang tache encore les mains des accusés? » Nous croyons que ces reproches s'adressent à tort à la commission et à la chambre. La signature des ordonnances du 25 juillet et ses horribles résultats ne doivent pas être le seul chef d'accusation intentée contre les ex-ministres. Il est bon qu'une instruction scrupuleuse mette à nu toutes les machinations du parti que nous avons vaincu, et dévoile dans son entier le système odieux qui depuis tant d'années pesait sur nos libertés; peut-être aussi on y trouvera de nouveaux coupables.

Mais nous ne voulons pas insister sur ce point, et ce n'est pas là le but de cet article : notre intention est de rechercher quels sont les crimes qui peuvent résulter de la signature des ordonnances du 25 juillet, quelles sont les peines à appliquer.

L'article 56 de la Charte est ainsi conçu : « Ils « (les ministres) ne peuvent être accusés que pour « fait de trahison ou de concussion; des lois par- « ticulières spécifieront cette nature de délits, et « en détermineront la poursuite. »

Nous avons entendu plusieurs personnes de bonne foi prétendre que cet article s'opposait à la mise en accusation des ministres. « Les ministres, dit-on, ne peuvent être accusés qu'à raison de deux délits : la trahison ou la concussion; la nature de ces délits devait être spécifiée, elle ne l'est pas, il y a donc impossibilité de poursuivre. »

Il est facile de répondre à cette objection. Le crime de trahison et de concussion était déjà prévu par un Code, avant que la Charte en parlât; mais ce crime était mentionné d'une manière générale: les faits qui pouvaient les caractériser étaient trop circonscrits, et pouvaient rarement s'appliquer aux ministres. C'était une première raison pour qu'une loi nouvelle intervînt. De plus, les ministres sont placés dans une position qui n'est pas celle de tous. De leur part, la concussion ou la trahison peut se présenter sous mille formes, tandis qu'à l'égard des autres citoyens, ces crimes offrent une physionomie à peu près uniforme. C'était un second motif de créer une loi qui spécifiât tous les faits qui, de la part des ministres, peuvent caractériser la concussion ou la trahison; mais parce que cette loi *d'explication et de détail* a été vainement attendue et demandée, en résulte-t-il que les ministres puissent se donner impunément carrière? non assurément. Sans doute il est des circonstances où ils le pourront. Quelquefois, à défaut de la loi promise, il se montrera des faits qui devraient amener sur leur tête un châtiment mérité, et qui cependant passeront impunis, parce qu'ils ne sont pas spécifiés par la loi pénale; mais quand cette loi pénale parlera, alors comme tout autre et plus que tout autre, ils devront la subir. Tel est donc, seulement pour les ministres, le bénéfice de l'article 56 de la Charte, tant que le germe n'en sera pas fécondé.

Or, dans quelle position se trouvent les ministres accusés aujourd'hui? Nous ne parlons ni des fraudes électorales, ni des lapidations, ni de tant d'autres faits dont bientôt on connaîtra l'effrayante accumulation : nous ne nous occupons que des ordonnances du 25 juillet; à cet égard, il nous suffira de citer quelques articles de loi; l'application en sera facile.

L'article 620 du Code des délits et des peines, du 3 brumaire an IV, est ainsi conçu : « Toutes conspirations ou attentats *pour empêcher la réunion ou pour opérer la dissolution du corps législatif*, *ou pour empêcher par force et violence la liberté de ses délibérations*,... seront punis conformémet à l'article 612. » (Peine de mort tant que cette peine subsistera, et de vingt-quatre années de fers quand elle sera abolie.)

Cet article de loi est encore en vigueur, car il n'a point été abrogé par le Code pénal de 1810, dont l'article 484 est conçu en ces termes : « Dans « toutes les matières qui n'ont pas été réglées « par le présent Code, et qui sont régies par des « lois et réglemens particuliers, les cours et les « tribunaux continueront de les observer. »

Mais admettant que l'article 620 ci-dessus cité soit encore en vigueur, est-il applicable aux ministres? Il n'est pas nécessaire d'une longue discussion pour l'établir.

Qu'est-ce qui a déterminé la publication des ordonnances? C'est la crainte de la réunion d'une chambre des députés hostile au ministère. Quel a été le but de ces ordonnances? *D'empêcher la réunion ou d'opérer la dissolution de la Chambre.* Or, ce but était-il constitutionnel, ou ne pouvait-il être que le résultat *d'un complot ou d'un attentat?* Les discussions auxquelles les députés se sont livrés récemment, les journaux politiqus, et surtout les termes de la protestation, nous dispensent d'entrer dans de longs développemens à cet égard. Il est évident que d'après nos principes constitutionnels, la dissolution de la Chambre des députés avant qu'elle fût constituée, ne pouvait être prononcée valablement; il y a donc un attentat dans cette dissolution. L'ordonnance de dissolution présente donc les caractères du crime prévu par l'article 620, lequel, ainsi que le prouvent les articles précédens, ne s'applique pas seulement aux simples citoyens, mais aussi aux corps dépositaires d'une portion de l'autorité publique.

Au reste, quelle que soit l'opinion des juges à l'égard de l'application de cet article, il n'est pas le seul. D'après les articles 114 et 115 du Code pénal, le ministre qui a fait ou ordonné quelque acte contraire et attentatoire, soit aux droits civiques d'un ou de plusieurs citoyens, soit à la Charte, est puni d'un bannissement.

Telle est la position des ministres signataires des ordonnances du 25 juillet; les articles 123, 124 et 125 sont non moins précis.

« Art. 123. *Tout concert de mesures contraires aux « lois*, pratiqué, soit par la réunion d'individus « ou de corps dépositaires de quelque partie de « l'autorité publique..., sera puni d'un emprisonnement de deux mois au moins, et six mois « au plus.

« Art. 124. Or, par l'un des moyens exprimés « ci-dessus il a été concerté des mesures contre « l'exécution des lois ou contre les ordres du gou- « vernement; la peine sera le bannissement.

« *Si ce concert a eu lieu entre les autorités civiles et* « *les corps militaires ou leurs chefs*, ceux qui en se- « ront les auteurs ou provocateurs, seront punis « de la déportation.

« Art. 125. *Dans le cas où ce concert aurait eu pour* « *objet ou résultat un complot attentatoire à la sûreté* « *intérieure de l'état, les coupables seront punis de* « *mort.* »

Ce crime si nettement exprimé et si justement frappé du dernier supplice, niera-t-on qu'il soit celui des ex-ministres? les ordonnances du 25 juillet n'offrent-elles pas *ce concert de mesures contraires aux lois*, dont parle l'article 123 du Code pénal? le résultat de ce concert a-t-il été attentatoire à la sûreté intérieure de l'état? Comptez le nombre des victimes.

Tel est, nous n'en doutons pas, le texte de loi qui sera invoqué contre les accusés. Le crime est patent; et si le châtiment est terrible, il est mérité.

La commission nommée par la Chambre des députés pour la mise en accusation des anciens ministres, a, par suite de la délibération de la Chambre, en date du 21 de ce mois, et de l'autorisation donnée par la Chambre des pairs, à la détention du prince de Polignac, ex-président du conseil, détenu à Saint-lô; M. de Chantelauze, ex-garde des sceaux; M. de Peyronnet, ex-ministre de l'intérieur, et M. Guernon-Ranville, ex-ministre de l'instruction publique, les trois derniers détenus à Tours. M. le procureur-général près la Cour royale d'Orléans, vient de se transporter à Tours, à l'effet d'assurer l'exécution des mesures qui vont être prises et de maintenir l'ordre.

Quant à M. de Polignac, des précautions extraordinaires sont nécessaires pour sa sûreté dans un moment surtout où un nouvel incendie attribué à la malveillance vient de consumer quatre maisons dans un faubourg de Saint-Lô. Un grand nombre de gardes nationales s'est offert spontanément pour lui servir d'escorte.

Nota. Toutes ces précautions à l'égard de M. de Polignac étaient inutiles ; il est resté constant qu'aucun projet, qu'aucune tentative d'enlèvement n'eut lieu.

RAPPORT DE M. BÉRANGER A LA CHAMBRE DES DÉPUTÉS.

M. Béranger a la parole au nom de la commission chargée de la proposition sur la mise en accusation des anciens ministres. Un profond et religieux silence s'établit.

« Messieurs,

« La commission que vous avez chargée de l'examen de la proposition d'accusation contre les ex-ministres signataires des ordonnances du 25 juillet dernier, a mis à cet examen toute l'attention que réclamait un sujet sur lequel tant de regards sont fixés.

« Au moment d'entrer dans la voie que la Charte vous ouvre pour obtenir la répression des faits qui ont si gravement compromis notre ordre social, vous avez dû désirer qu'une même observation des analogies judiciaires s'unît aux vues élevées de la politique, dans l'exercice d'un droit qui découle de nos institutions.

« Ce vœu imposait à votre commission des devoirs dont elle a compris toute l'étendue. Elle a senti que vous l'investissiez d'une magistrature dont l'impartialité doit être le principal caractère.

« C'est pour répondre à votre confiance, que dès les premiers jours, elle s'est déterminée à vous demander de lui déléguer une partie de vos pouvoirs, qui lui étaient nécessaires, autant peut-être pour régulariser la détention des ex-ministres qui avaient été arrêtés sur la clameur publique, que pour fixer, par le concours de leurs déclarations et des témoignages, le véritable point de vue sous lequel cette accusation doit être envisagée.

« Une instruction a donc été commencée : quatre des ex-ministres détenus à Tours et à Saint-Lô, ont été transférés à Vincennes, en vertu des mandats d'amener décernés par la commission ; ils ont été interrogés aussitôt et sur-le-champ. Ces mandats ont été convertis en mandats de dépôt ; des témoins ont été entendus.

« Les pièces qui pouvaient servir d'élémens à

l'accusation ont été demandées aux divers ministères, et examinées avec un soin scrupuleux; partout les ordres, les mandats de la commission, exécutés par les huissiers de la Chambre, ont trouvé obéissance.

« Cette première instruction, qui établit et consacre vos droits, a également eu pour objet le besoin de vous éclairer et celui d'offrir à la défense toute la latitude qu'elle a le droit de réclamer.

« Néanmoins les documens obtenus des divers ministères sont peu complets. Il est certain qu'au moment de la catastrophe, les plus importans ont été détruits, de sorte qu'un voile couvre encore la plupart des projets dont le développement devait assurer l'exécution des fatales ordonnances.

« Mais, envisageant les ordonnances dans leur ensemble, votre commission n'a pu se résoudre à les considérer comme un simple accident, c'est-à-dire, un fait isolé, né des circonstances du moment et sans lien avec le passé.

« Elle a donc jeté un coup d'œil sur les temps antérieurs, et elle a acquis la déplorable certitude que les ordonnances du 25 juillet étaient le complément d'un plan que la couronne méditait depuis plusieurs années.

« Il en coûterait à votre commission de faire remonter à l'auteur de la Charte la conception de ce plan : prince à peine rétabli sur le trône de ses pères, Louis XVIII avait pu apprécier les projets des courtisans et ceux des membres de sa famille. Tels ils étaient lorsqu'au commencement de notre révolution ils avaient quitté le sol de la France, tels ils se montrèrent lorsqu'il revint avec eux de l'émigration.

« Ce long exil sur une terre étrangère, ces jours d'adversité qui, pour tant d'autres, auraient pu devenir la matière de fructueuses leçons, avaient été stériles pour eux. Louis XVIII lutta péniblement contre leurs exigences; il le fit quelquefois avec bonheur, le plus souvent sans succès.

« En dehors de son gouvernement, il se formait d'autres conseils dont l'action se faisait insensiblement sentir sur toutes les branches de l'administration, et en paralysait le mouvement : déjà on apercevait deux gouvernemens dans l'Etat.

« La vieillesse de Louis XVIII subit les tristes influences de ces conseils. Sous lui commença ce ministère de six années, dont la mission parut être d'accomplir la contre-révolution; sous lui, et peut-être malgré lui, l'Espagne vit une armée Française étouffer ses élans de liberté, et la célèbre ordonnance d'Andujar, annulée de fait au moment de sa publication.

« A la mort de ce monarque, les projets ébauchés sous son règne commencèrent à recevoir leur exécution. Le nouveau roi se hâta de donner satisfaction au clergé par sa loi sur le sacrilége, aux émigrés par celle sur l'indemnité; il tenta d'abolir la liberté de la presse, par ce projet de loi, qui éleva contre le ministère qui en fut l'auteur, de si justes ressentimens. Il tenta d'asservir la profession la plus utile à l'humanité, par un autre projet sur les jurys médicaux et les écoles de médecine. Il essaya de préparer les esprits à la suppression du jury, en proposant cette suppression pour les crimes de baraterie et de piraterie.

« Toutefois, dans cette chambre où ce ministère s'était fait tant de partisans, se formait une opposition qui, vivement secondée par l'opinion publique, commençait à se rendre redoutable.

« Menacé de perdre sa majorité dans les chambres, le gouvernement prit la résolution hardie de convoquer de nouveaux colléges; il espéra, à force de menaces, de fraudes et de corruptions, obtenir des choix favorables, et c'est par là qu'il acheva de révolter tout ce qui dans la nation avait un cœur droit et le sentiment du bien.

« En même temps, et pour s'assurer la Chambre des pairs, il la remplit de ses créatures et s'efforça d'en changer la majorité par la plus nombreuse et la plus impopulaire des promotions.

« Heureusement les élections ne répondirent pas à ses espérances, et devant une Chambre nouvelle on comprit qu'il fallait ajourner les desseins qu'on méditait.

« Nulle nation n'est plus confiante que la nôtre: lorsqu'à l'ouverture de la session de 1828, elle entendit, de la bouche de son roi, la promesse d'un meilleur avenir, elle y crut, elle oublia le passé; trompée tant de fois, elle se livra encore à l'espérance.

« Il y aurait ingratitude à ne pas reconnaître les services que le nouveau ministère rendit au pays dans le cours de la première session: la loi destinée à réprimer les fraudes électorales, celle sur la presse, quoiqu'on eût à regretter l'absence du jury, sont des monumens qui attestent son désir de donner au pays quelques-unes des garanties depuis si long-temps attendues.

« Mais ce désir même était un sujet de défiance pour une cour soupçonneuse et peu sincère ; le ministère de cette époque se soutenait péniblement ; il laissa s'écouler la seconde session sans résultat utile pour le développement de nos institutions.

« Les Chambres se séparèrent ; de tristes pressentimens occupaient le public ; ils ne furent, hélas ! que trop justifiés..... (Mouvement général d'attention.)

« La création du ministère du 8 août frappa la France de stupeur. Ainsi, après tant de gloire, après avoir vu tous les peuples de l'Europe rendre hommage à notre courage dans les combats, à notre résignation dans le malheur, à notre fidélité à remplir des engagemens et à acquitter des charges que la famille qui occupait le trône avait concouru à nous imposer, il était donc réservé à notre héroïque nation de recevoir de son roi plus d'outrages en un seul jour que l'étranger n'eût jamais osé lui en faire. (Sensation.)

« Ainsi on redoutait qu'une armée pleine de valeur ne partageât les sentimens du pays ; on l'humilie en lui donnant pour chef l'homme dont le nom lui rappelait tant d'amers souvenirs.

« Les excès commis en 1815 avaient révolté le pays. On confie le ministère de l'intérieur à celui que de cruelles catégories rendirent alors si fameux. Enfin la France réclamait à grands cris l'exécution de la Charte, et on met à la tête de notre diplomatie l'homme qui refusa si long-temps de la reconnaître.

« Quels étaient donc ceux qui, dans cette paix profonde où nous vivions, poussaient le roi à de telles mesures? Quels étaient les conseillers secrets qui lui suggéraient de se mettre ainsi en guerre avec tout un peuple? Hélas! leurs noms échappent à nos investigations. L'accusation d'ailleurs trouve déjà assez de coupables, sans qu'il soit utile de chercher à en augmenter le nombre.

« Disons toutefois que M. le prince de Polignac paraît être le confident le plus intime des projets de Charles X : disons que dans l'opinion de la France, il représenta à lui seul toute la faction contre-révolutionnaire, et que chaque fois que cette faction avait menacé de saisir le pouvoir, c'était lui, et toujours lui qu'elle offrait aux espérances des ennemis de l'ordre et des lois.

« La composition d'un tel cabinet était significative; la France ne put se méprendre sur son objet; l'eût-elle fait que les journaux organes de la cour le lui auraient assez révélé; jamais contre-révolution ne fut plus audacieusement ni plus imprudemment annoncée.

« Une lutte sur la prééminence dans le conseil ne tarda pas à s'élever entre le ministre favori et le plus fougueux de ses collègues : pour le remplacer, on fit venir des départemens un homme qu'aucune célébrité parlementaire ou politique ne semblait recommander : la France s'en étonnait ; elle demandait ce qui pouvait justifier un pareil choix. Elle recherchait avec inquiétude quelle avait été la vie de ce nouveau ministre. Une présidence de collége électoral suivie d'un avancement rapide et inusité dans la magistrature; un discours récent à l'occasion de son installation auprès d'un grand corps judiciaire étaient tout ce qu'on en savait. On dut supposer qu'il avait donné des gages secrets de ses sentimens et de sa coopération. Néanmoins, l'impartialité de votre commission ne lui permet pas de taire un mémoire que M. de Guernon-Ranville a fait joindre à l'instruction, et qu'il remit au prince de Polignac le 15 décembre 1829, c'est-à-dire moins d'un mois après son élévation au ministère, et qui, selon lui, fait connaître dans quels sentimens il y entrait. « La Chambre des pairs, y dit-il, ne peut avoir « pour nous ni confiance ni affection.... Toutefois « cette Chambre ne nous sera pas hostile..... Il « n'en sera pas de même de la Chambre des dé- « putés ; là mille haines, mille ambitions se ligue- « ront contre nous. A la veille d'une lutte aussi « inégale, plusieurs partis peuvent être pris ; mais « celui que l'opposition croit être dans les vues « du ministère, et que font pressentir des bruits « de coups d'Etat, celui enfin auquel quelques « royalistes imprudens voudraient pousser le gou- « vernement, consisterait à dissoudre la Cham- « bre, et à en convoquer une nouvelle après avoir « modifié par ordonnance la loi électorale et sus- « pendu la liberté de la presse, en rétablissant la « censure. Je ne sais si cette marche sauverait la

« monarchie, mais ce serait un coup d'Etat de la « plus extrême violence ; ce serait la violation la « plus manifeste de l'art. 35 de la Charte; ce serait « la violation de la foi jurée : un tel projet ne « peut convenir ni au roi ni à des ministres « consciencieux. »

« C'est ainsi que, dès-lors, M. de Ranville jugeait des mesures auxquelles plus tard il eut la faiblesse de concourir. (Nouveau mouvement.)

« Le prince de Polignac devint président du conseil; c'est lui qui communiquait avec le roi, et soit qu'il ne fût qu'un instrument entre les mains de ce prince et de ses familiers, soit qu'il fût réellement l'âme de la faction, il paraît démontré qu'il préparait et provoquait tout le travail du cabinet.

« Mais de toutes parts les citoyens se disposaient à la défense de leurs droits : dans l'attente des coups d'État, on s'unissait pour y résister ; les associations pour le refus de l'impôt se propagaient, la conservation des libertés publiques était un besoin dont l'approche pénétrait dans toutes les classes de la société. Vainement traduisit-on devant les tribunaux ces associations patriotiques, la magistrature, tout en les condamnant, prononçait des arrêts qui consacraient la légalité de la résistance, et la sanction judiciaire donnée à ce principe, ne fut pas l'un des moindres services qu'elle rendit au pays.

« Le gouvernement fut obligé de s'arrêter, de nier même les intentions qu'on lui prêtait ; l'hypocrisie vint au secours de l'impuissance ; mais il s'assurait toutes les positions, il peuplait les emplois de ses créatures, il en expulsait tout ce qui avait un cœur pour la patrie, et un sentiment pour les institutions libérales, dont quarante ans d'un laborieux combat nous avaient dotés.

Huit mois s'écoulèrent; on ne pouvait tarder plus long-temps d'assembler les Chambres; la crise approchait: le grand jour arriva où la royauté et son déplorable cortège parurent en présence de la nation. Qu'ils furent coupables les ministres qui mirent dans la bouche du prince la plus imprudente des menaces!...

« Rappelez-vous, Messieurs, comme à la suite de cette séance royale les cœurs parurent contristés; rappelez-vous combien les hommes les plus dévoués à la monarchie souffrirent de voir la royauté ainsi compromise; et comme si quelque chose eût manqué à d'aussi dures paroles, à un dessein si marqué d'irriter les esprits, le journal, confident habituel du cabinet et des pensées de la faction contre-révolutionnaire, en publia au même instant la paraphrase la plus insultante pour la Chambre et pour le pays qu'elle représentait. La Chambre devait au roi la vérité; elle se prépara à la lui dire. Dans le comité secret où elle discuta son adresse, elle ne fut point surprise de l'imprévoyance des conseillers de la couronne; objets de tant de défaveur, ils dédaignèrent d'exposer un plan de conduite, un système d'administration; c'est que probablement ils n'osaient avouer leurs projets. Tant d'aveuglement et d'ignorance de leur position fut tout ce qui, de leur part, resta de cette mémorable séance.

« Une notable majorité sanctionna en ces termes l'adresse au roi.

« L'intervention du pays, disait la Chambre, « fait du concours permanent des vues politiques « de votre gouvernement avec les vœux de votre « peuple, la condition indispensable de la marche « régulière des affaires publiques. Sire, notre « loyauté, notre dévouement, nous condamnent « à vous dire que ce concours n'existe pas... Entre « ceux qui méconnaissent une nation si calme, « si fidèle, et nous qui, avec une conviction pro- « fonde, venons déposer dans votre sein les dou- « leurs de tout un peuple....; que la haute sa- « gesse de Votre Majesté prononce! »

« Ces nobles paroles ne sont point entendues, et la Chambre est aussi surprise que blessée de la réponse qui lui est faite : « J'avais droit, dit le « roi, de compter sur le concours des deux Cham- « bres, mon cœur s'afflige de voir les députés dé- « clarer que, *de leur part*, ce concours n'existe « pas. »

« Perfide insinuation! à laquelle les conseillers de la couronne ne craignirent pas d'ajouter que les résolutions annoncées dans le discours du trône *étaient immuables!*

« La Chambre fut ajournée, et cet ajournement fut le prélude du sort qu'on lui réservait. Sa dissolution ne fut pas prononcée sur-le-champ, le ministère voulait avoir le temps de préparer de nouvelles élections, et, comme on le verra bientôt, d'exercer sur elles la plus coupable influence : on comptait d'ailleurs, chez une nation enthousiaste de la gloire, frapper les esprits par l'éclat d'une grande entreprise militaire. L'injure faite à notre pavillon en fut le prétexte : on ne négligea rien pour son succès ; les trésors de l'Etat furent prodigués, les meilleures troupes dirigées sur nos côtes, et un armement immense destiné à leur transport. Ces dépenses faites sans l'intervention des Chambres suffiraient seules pour motiver une accusation, si elle ne s'effaçait devant celle qui nous occupe.

« Mais le succès qu'on se promettait eut été incomplet ou sans valeur, si on l'eût obtenu par l'un de ces guerriers, orgueil de la France, qui avaient si souvent conduit nos soldats à la victoire.

« Le commandement de l'expédition fut donné au même général, dont l'apparition au ministère avait si fort révolté l'honneur français. On comptait sur son triomphe pour anéantir nos libertés.

« La nation ne s'y méprit pas, et si elle accompagna de ses vœux la flotte qui portait tant de Français, il fut facile d'apercevoir combien cette expédition était peu populaire.

« Déjà, depuis quelques mois, la France était épouvantée du spectacle qu'offraient quelques-uns des départemens de l'ancienne Normandie : les flammes y dévoraient sans distinction la cabane du pauvre et la maison du riche : d'affreux incendies dont les véritables auteurs échappaient aux recherches de la justice, forçaient les citoyens à s'armer pour veiller eux-mêmes sur leurs propriétés, et livraient les esprits à la plus vive exaspération.

« Il était peu naturel d'attribuer ces crimes à une malveillance particulière ; on en rechercha la cause dans une combinaison politique, et les soupçons s'élevèrent jusqu'aux ministres.

« Votre commission s'est fait communiquer les extraits des nombreuses procédures instruites sur ces crimes; elle a parcouru la volumineuse correspondance à laquelle elles ont donné lieu, et elle y a trouvé tant d'obscurité qu'il lui serait difficile d'asseoir à cet égard un jugement de quelque poids. (Agitation.)

« Il est certain cependant que les incendies de la Normandie ne sont pas des crimes privés, ni qu'on puisse attribuer à des individus isolés et sans rapports entre eux ; il est certain qu'un genre de fanatisme y joue un rôle; divers faits, et notamment le silence opiniâtre des individus surpris au moment du crime et mis en jugement, sembleraient le prouver.

« Des condamnations capitales ont été prononcées : les coupables ont entendu leur arrêt de sang-froid, et ont montré la plus incompréhensible obstination, comme si un serment les eût liés au secret, et leur eût donné le courage d'affronter la mort. (Nouveau mouvement.)

« Les magistrats continuent leurs recherches, il faut attendre du temps la révélation de ces horribles trames.

« Cependant une nouvelle division se manifestait dans le cabinet : il est rare de rencontrer sept hommes également disposés à braver la haine publique pour renverser les lois et les institutions.

Deux ministres reculaient devant les projets de leurs collègues, et paraissaient en redouter la terrible responsabilité : il fallut songer à les remplacer, et comme on avait besoin d'hommes d'action, on chercha parmi nos célébrités politiques, celles qui avaient donné le plus de gages à la contre-révolution et dont par conséquent le caractère devait être le plus antipathique au pays.

« M. le comte de Peyronnet, dont le nom rappelait si tristement le souvenir de l'administration flétrie par la dernière Chambre; M. de Peyronnet, sur lequel, outre une accusation générale non encore purgée, pesait de tout son poids celle relative aux cruautés et au déni de justice envers les hommes de couleur de la Martinique, reçut le portefeuille de l'intérieur. Son caractère entreprenant le fit juger propre à diriger l'accélération du mouvement qu'allait recevoir cette branche de l'administration publique.

« Un démembrement même du ministère fut donné à M. le baron Capelle; il s'était montré habile dans l'art de conduire les élections : ce fut son titre de faveur.

« Enfin, M. de Chantelauze avait fixé sur lui l'attention de la couronne par le vœu exprimé dans la précédente session, de voir s'opérer un 5 septembre monarchique; les sceaux lui furent confiés : disons toutefois qu'il fallut lui faire violence. Son interrogatoire renferme à cet égard des détails qu'il est du devoir de l'instruction de reproduire. Nommé une première fois ministre de l'instruction publique, il refusa. Nommé plus récemment au département de la justice, il exprima le même refus : mais de nouvelles circonstances, dit-il, ne le laissèrent pas libre de persister dans cette résolution. Effectivement on a trouvé dans les pièces saisies aux Tuileries la lettre originale que lui écrivit M. de Polignac; elle est datée du 30 avril; on y a également trouvé copie de la réponse que fit M. de Chantelauze à cette lettre; elle est datée de Grenoble, du 9 mai suivant : il y exprime une grande défiance de lui-même; il croit peu convenable, à la veille de la convocation des colléges, de modifier le ministère; dans tous les cas, il regarde comme une nécessité de rappeler M. de Peyronnet au pouvoir : « Sa présence au conseil « lèverait, ajoute-t-il, quelques objections qui « me sont personnelles, car un engagement que « je ne puis rompre me lie en quelque sorte à ses « destinées politiques. Il m'en coûte d'avouer que « même en ce cas j'aurais encore une peine très-« grande à me déterminer au sacrifice qu'on me « demande. Au reste, je suis prêt à partir pour « Paris, lorsque l'ordre m'en sera donné. Ce n'est « que là que je pourrai juger si mes avis et mon « concours seraient utiles au service du roi. »

« Cette lettre, il le paraît, fut immédiatement mise sous les yeux de Charles X; et le refus qu'elle exprimait, fâcheusement interprété par ce monarque, car une lettre du roi à M. de Polignac, encore saisie aux Tuileries, et datée de Saint-Cloud, du 14 mai, disait : « Je vous renvoie, mon « cher Jules, la longue lettre de M. de Chante-« lauze; celle de mon fils disait tout, (ce prince

« arrivait de Grenoble, où il semblerait qu'il avait « été attiré à son retour de Provence par le des- « sein d'une entrevue avec M. de Chantelauze) « excepté le fin mot de la chose, c'est qu'il a peur « de perdre une place agréable et inamovible, « pour en prendre une malheureusement trop « amovible. Au surplus, je ne change rien à mon « projet; et, s'il nous convient toujours, comme « je le crois, nous le ferons presser par Peyron- « net. » (Vive sensation et interruption de quelques minutes.)

« M. de Chantelauze reçut donc l'ordre de se rendre à Paris, et l'on parvint à triompher de sa répugnance. La commission doit encore mentionner une pièce qu'il a fait joindre au procès; c'est une lettre adressée, le 18 mai, à M. son frère, conseiller à Montbrison, dans laquelle il lui disait : « Nous avons l'un envers l'autre gardé un « long silence; je viens le rompre le premier, car « je ne veux pas que tu apprennes par le *Moniteur*, « et avec le public, l'événement le plus impor- « tant, et je crois le plus malheureux de ma vie, « c'est ma nomination comme garde des sceaux. « Voilà deux mois que j'oppose une résistance « soutenue à mon entrée au conseil. On ne me « laisse plus même aujourd'hui mon libre arbi- « tre, et les ordres qui me sont donnés ne me per- « mettent plus que l'obéissance. Je me résigne à « ce rôle de victime. Veille sur les élections, car « y échouer serait maintenant pour moi une chose « honteuse. » (Nouvelle sensation.)

« MM. de Courvoisier et de Chabrol sortirent

du conseil; M. de Montbel, après avoir successivement occupé les ministères de l'instruction publique et de l'intérieur, passa aux finances; ainsi se trouva modifié le cabinet. Une chose frappe dans cette modification; elle ne fut point délibérée en conseil, et elle se fit sans le concours des ministres conservés; M. de Ranville l'a déclaré dans son interrogatoire : la preuve en est d'ailleurs écrite dans la lettre déjà citée du prince de Polignac à M. de Chantelauze : « Je n'ai pas besoin « de vous dire que le plus grand secret doit être « gardé sur le contenu de cette lettre, qui n'est « connu que des deux augustes personnages qui « s'y trouvent nommés. » (Écoutez! écoutez!)

« Ainsi c'était une pensée en dehors du cabinet; c'était une influense étrangère à ses membres qui dictait les nouveaux choix : les ministres maintenus ne les connurent que par le *Moniteur*.

« Cette pensée, cette influence étrangère, M. de Polignac en avait seul le secret. Il réunissait autour de Charles X les ministres qu'il jugeait les plus propres et les plus ardens à seconder ses vues.

« M. de Peyronnet, interrogé s'il croyait que son entrée au conseil eût été motivée sur le dessein de modifier le système dans lequel avait paru être formé le ministère du 8 août, s'est borné à répondre que les intentions du roi ne lui avaient paru être que de rendre le ministère plus propre aux discussions de la tribune. La Chambre appréciera le mérite de cette réponse.

« Avant la modification du cabinet, le ministère

s'occupait déjà d'obtenir des élections favorables; le mouvement ministériel accompli, il se livra tout entier à ce soin.

« Chaque ministre fit sa circulaire; chaque directeur-général la répéta à ses subordonnés; chaque agent secondaire la transmit aux employés inférieurs. Cette succession de menaces, de promesses, d'injonctions, pénétrant dans tous les rangs de l'administration, y portait avec la corruption l'effroi, et ne laissait d'autre alternative aux fonctionnaires que de perdre leurs emplois, les moyens d'existence de leurs familles, ou de manquer à leurs devoirs envers le pays en secondant un ministère qui le trahissait. M. de Montbel, dans ses circulaires adressées aux agens des finances, disait: « Si en retour de la confiance « que le gouvernement du roi lui témoigne, un « fonctionnaire public refusait d'unir ses efforts « aux siens, et se mettait en opposition avec lui, « il briserait lui-même les liens qui l'attachent à « l'administration, et n'en devrait plus attendre « qu'une sévère justice. »

« M. de Peyronnet ajoutait à ces paroles menaçantes un système organisé de délation : « A « l'égard des fonctionnaires, vous me donnerez « sur leur conduite, disait-il aux préfets, des ren« seignemens confidentiels; je ne les ferai con« naître qu'à leurs ministres respectifs, qui pren« dront à leur égard les mesures que leur dictera « la prudence. »

« Et effectivement, M. de Peyronnet s'empare de la direction des élections; sa correspondance devient d'une effrayante activité. Il excite, il aiguillonne les autres ministres, ses collègues. Il leur dénonce les fonctionnaires timides, afin qu'ils soient encouragés; les tièdes, afin qu'ils soient admonestés et changés de résidence ; et enfin ceux qui paraissent peu disposés à voter avec le ministère, pour que justice en soit promptement faite.

« La commission a parcouru cette correspondance de la haute administration avec ses agens et des agens avec l'administration. Le sentiment qu'elle a éprouvé est celui d'un dégoût profond, lorsqu'elle a vu le degré de perversité du ministère et le degré d'avilissement dans lequel un grand nombre de fonctionnaires de tous les ordres sont tombés. Elle n'hésite pas à le reconnaître; c'en était fait de la morale publique parmi nous, si cet odieux système se fût prolongé. Qu'il en reste au moins cette grande leçon, que tôt ou tard tous les faits sont connus, tous les actes sont jugés, et que celui qui a manqué à sa conscience ou à ses devoirs, finit toujours par recevoir la punition de sa faiblesse. (Mouvement prononcé d'hadhésion à gauche; morne silence à l'extrême droite.)

« Le ministère trouve tous les moyens légitimes pour obtenir des suffrages. « Une place d'inspec-
« teur de l'académie est vacante, dit M. de Pey-
« ronnet au ministre de l'instruction publique ;
« elle est demandée par le fils d'un procureur du
« roi, homme très-influant; il faut, si l'on ne
« croit pas devoir accueillir sa demande, ajour-
« ner la nomination jusqu'après l'élection. — Deux
« bourses, écrit le même ministre, sont demandées

« par le préfet de,... pour les fils de deux électeurs influens, il faut se hâter de les donner « avant l'élection. Tantôt c'est en flattant la va- « nité et en lui donnant l'espérance d'être satis- « faite, qu'on s'efforce de vaincre les scrupules « de la conscience. — Il a de l'amour-propre, écrit « encore M. de Peyronnet au ministre des finan- « ces, en lui parlant d'un directeur des domaines, « électeur; et cet amour-propre pourrait être sti- « mulé par l'espoir de devenir chevalier de la Lé- « gion d'honneur, distinction qu'il n'a pas, quoi- « que très-ancien directeur. »

« Une autre fois, ce ministre signale au même collègue un sous-inspecteur des domaines comme électeur douteux, et aussitôt il lui est répondu: « J'écris aujourd'hui à son conservateur pour qu'il « lui communique les intentions de l'administra- « tion, c'est-à-dire, pour qu'il ait à voter pour « les candidats royalistes, ou à donner sa démis- « sion. »

« Il n'est pas, Messieurs, jusqu'aux villes entières, c'est-à-dire, aux localités, qu'on ne soumette à cette action honteuse, de la menace ou des promesses. « La ville de,... écrit M. de Pey- « ronnet au ministre des finances, a adressé à « Votre Excellence des réclamations, au sujet « d'une nouvelle communication des postes par... « Sans préjuger le fonds de la question, il con- « vient, dans les circonstances actuelles, qu'en « admettant une réponse négative, *elle n'arrive « pas avant l'élection*, et s'il doit y avoir faveur, « qu'elle ne soit due qu'à la sollicitation de dé-

« putés royalistes. » (Marques d'indignation dans les tribunes.)

« En même temps le ministre des affaires ecclésiastiques ne craignait pas de compromettre ce qu'il y a de plus sacré dans l'État, la religion, en appelant le clergé dans l'arène des factions. Combien il a été douloureux de voir des prélats répondre à cet appel par les mandemens les plus contraires à l'esprit du christianisme, et dans des lettres confidentielles à leurs curés, s'oublier jusqu'au point de faire du vote électoral en faveur du ministère un devoir de conscience très-positif. Disons toutefois que si la religion a à déplorer de tels égaremens, il est d'autres évêques qui ont conservé pour l'honneur de l'épiscopat, et qui, véritables apôtres de l'Évangile, ont mieux compris leur ministère de paix et de charité. La vénération, la reconnaissance des fidèles est la digne récompense de leurs vertus.

« La veille, le jour même de la première assemblée électorale, et comme pour donner un avertissement aux électeurs, le *Moniteur* nous apprend avec éclat qu'un ministre d'État, un maître des requêtes, des lieutenans-généraux, membres de la précédente Chambre, sont ou destitués de leurs fonctions, ou mis à la retraite. C'est ainsi que, par un système de terreur largement organisé, on espère intimider tout ce qui tient au gouvernement par quelque lien. Mais plus le ministère multipliait les moyens de succès, plus l'opinion constitutionnelle se montrait forte et redoutable. Il était facile de voir que la lutte serait laborieuse. On appréhende de succomber ; alors, ô déplorable aveuglement ! on recourt à l'expédient de faire intervenir le monarque, et de mêler son nom à ces infâmes intrigues. On dégrade la royauté, on la fait descendre de ces hauteurs où le respect des peuples l'avait placée, et on met dans sa bouche le langage le plus propre à lui aliéner l'amour de la nation. Dans cette funeste proclamation aux électeurs, Charles X se déclare offensé. Eh ! de quoi ? de ce qu'une Chambre fidèle lui a dit la vérité sur ses ministres coupables. Le cabinet offre ainsi à la France le spectacle d'un monarque qui se plaint de ce qu'on lui a révélé cette vérité que les bons rois ont tant à cœur de connaître.

« La proclamation fut délibérée en conseil ; M. de Polignac fut assez hardi pour la contresigner.

« Enfin, une dernière mesure, inouie jusque-là, vient surprendre la France au moment où les citoyens quittent leurs foyers pour se rendre à leurs colléges respectifs. Vingt départemens s'étaient plus particulièrement signalés par l'indépendance de leurs choix antérieurs. Ils sont momentanément frappés d'interdit. Une ordonnance transmise par le télégraphe vient annoncer l'ajournement de leurs élections. Cette ordonnance donnait pour motif le retard mis dans les ressorts de sept Cours royales au jugement des contestations relatives aux droits politiques des électeurs, et le désir que rien ne fût négligé pour la régularité des listes. Ce désir était mensonger. Le conseil ne l'eut pas pour la Cour royale de Grenoble, par exemple, où un grand nombre de contestations de cette nature étaient pendantes. C'est que l'un des ministres, M. d'Haussez, croyait avoir quelque chance d'être élu dans l'Isère, qu'il avait administré. Son espoir ne se réalisa pas plus là qu'ailleurs (on rit); mais il eut au moins l'effet de préserver de l'ajournement les trois départemens qui ressortissent de cette Cour.

« Vous voyez avec quel peu de respect de la bonne foi le ministère se jouait de la France. Alors, et entre les deux élections, est repandue comme moyen décisif, la nouvelle de la prise d'Alger. Pour faire connaître tout l'effet qu'on attendait de cet événement, il faudrait peut-être rappeler certains mandemens publiés à ce sujet. Il suffira de rapporter une lettre écrite le 10 juillet à M. le garde des sceaux par un chef de Magistrature qu'on pouvait croire initié aux secrets de la faction. « Le roi, dit-il, est vainqueur d'Alger; dans « ce repaire de pirates n'étaient pas ses plus im« placables ennemis; les élections les ont mis à « découvert, nous venons de les voir : dans leurs « rangs sont des pairs de France, des officiers« généraux, des colonels en activité de service, « des magistrats, des membres de la haute ad« ministration. Si ces hommes de trahison sont « ménagés, c'en est fait de la légitimité et de la « monarchie. Les momens sont chers, la Chambre « des députés va être envahie, il faut que le gou« vernement se décide. Demain on va rabaisser, « annuler le triomphe d'Alger. Dans huit jours il « n'en restera rien, et le libéralisme relevant sa

« bannière, marchera en masse contre la France
« et contre son roi. »

« Non, Messieurs, il restera quelque chose du triomphe d'Alger. Sans parler de ses autres résultats qu'il ne nous appartient pas de préjuger, il en restera de la gloire pour la France, il en restera pour notre jeune armée, qui a fait preuve de tant de discipline et de courage, et qui, par sa noble conduite, a si bien mérité de la patrie. (Très-bien! très-bien!)

« Vous savez comment les préfets se conformèrent à leurs instructions. Vous connaissez les scènes d'Angers; vous connaissez aussi les violences et les désordres de Montauban, pendant les élections de cette ville. Vous avez gémi avec tous les hommes de bien de la faiblesse des magistrats. La procédnre qui s'instruit sur ces désordres n'est point parvenue à la chancellerie, ni par conséquent à la commission. Elle jettera sans doute un grand jour sur la conduite des autorités locales. MM. de Peyronnet et de Chantelauze en ont dans leurs interrogatoires repoussé toute la responsabilité. Ils ont affirmé avoir donné des ordres pour que les auteurs de ces excès fussent punis sévèrement.

« A mesure que les élections d'un département s'accomplissaient, des rapports étaient faits à la haute administration, de la part plus ou moins active que les fonctionnaires y avaient prise; et c'est ici que la délation se montre sous son aspect le plus odieux. Heureuse votre commission, si elle n'avait à signaler que les rapports des agens de l'administration salariés, amovibles: la crainte pouvait jusqu'à un certain point expliquer la conduite de la plupart d'entre eux.

Mais combien n'a-t-elle pas eu à déplorer de voir descendre à un rôle si vil des hommes auxquels l'inamovibilité de leurs fonctions et leur dignité semblaient imposer le devoir de se respecter le plus! Sans doute il n'était réservé qu'à un tel ministère d'encourager de telles délations.

« Alors sont distribuées les peines et les récompenses : les pièces et la procédure apprennent avec quelle brutalité les premières furent infligées, et quelle prodigalité on mit à décerner les autres.

« Ici, Messieurs, finit un ordre de faits. Les élections sont accomplies ; le ministère a attenté aux droits civiques des citoyens, il a employé l'autorité qui lui était confiée à violenter les suffrages, c'est-à-dire, à détruire le gouvernement représentatif dans son principe. Quelque gravité qu'aient les autres chefs d'accusation, celui-là ne peut être abandonné, car si une moindre peine l'atteint, il ne le cède à aucun autre par ses résultats. Le blâme contre de tels actes ne suffirait pas; la Chambre doit les flétrir à jamais.

« Une autre série de faits commence : ces élections si tourmentées n'ont pas eu le résultat qu'on attendait; le pays a fait des choix nationaux; il a nommé des députés qui seront fidèles à leurs devoirs et qui défendront ses libertés.

« Devant un vœu public, si généralement, si manifestement exprimé, un autre ministère n'eût pas balancé sur le parti qu'il avait à prendre, sa retraite eût été l'accomplissement de l'une des conditions les plus nécessaires du gouvernement représentatif : il s'y fût soumis ; mais cette retraite eût, comme en 1827, fait ajourner encore des projets qu'on était impatient de réaliser. Il fut donc arrêté qu'on ferait tête à l'orage, qu'on braverait la nation, qu'on violerait les lois et qu'on jetterait le pays dans les perturbations plutôt que céder.

« Nous approchons du moment où les plus funestes résolutions vont être prises : ce pouvoir occulte et mystérieux, dont les plans paraissent avoir toujours précédé les délibérations du conseil, avait invariablement arrêté ses moyens d'exécution.

MM. de Peyronnet, de Ranville et Chantelauze semblent s'accorder à dire que ce fut dans un conseil tenu vers la première quinzaine de juillet, que le projet des fatales ordonnances fut jeté pour la première fois au milieu de la discussion, et que ce jour-là, il n'y fut pas donné de suite. Mais on voit dans une note remise à M. de Polignac par l'un de ses familiers, le jour où parurent les ordonnances, que ce coup d'état entrait dans le système qui avait présidé à la création du conseil. « Le 26 juillet, y est-il dit, est le développement de la pensée du 8 août. C'est un coup d'état sans retour ; le roi, en tirant l'épée, a jeté le fourreau au loin. » (Sensation prolongée.)

« Cette funeste pensée, Messieurs, allait donc recevoir son développement. Selon MM. de Peyronnet, Guernon-Ranville et Chantelauze, elle ne fut qu'ébauchée dans une première réunion spéciale pour cet objet. Elle fut approfondie et longuement discutée dans un deuxième conseil qui eut lieu quelques jours après sous la présidence du roi. Elle trouva d'abord deux opposans, MM. de Peyronnet et Guernon-Ranville : c'est ce qui résulte de leurs interrogatoires. Et toutefois M. de Peyronnet, craignant que l'aveu de son opposition aux ordonnances ne nuisît à ceux de ses collègues qui en avaient pleinement adopté le principe, a laissé plutôt deviner qu'il n'a avoué les avoir personnellement combattues. (Mouvemens divers.)

« La même opposition se manifesta au conseil présidé par le roi, plus faiblement peut-être de la part de M. de Peyronnet, mais avec toute la vivacité de son caractère de la part de M. Guernon-Ranville, qui même avait écrit à M. de Courvoisier pour lui faire connaître son opinion ; c'est encore ce qu'on peut induire des réponses de cet ex-ministre, quoiqu'en ce qui le concerne, M. de Peyronnet continue de s'exprimer avec la même réserve.

« Ces détails, Messieurs, vous étaient dûs, non qu'ils diminuent la responsabilité des deux ministres opposans ; dès l'instant où ils ont signé ces fatales ordonnances, ils l'ont acceptée toute entière ; mais parce que si le fait de leur opposition est vrai, ils ont le droit de le voir consigner dans ce rapport.

« Vous savez de quelles dispositions se compléta le système : une ordonnance prononça la dissolution de la Chambre avant qu'elle eût été réunie ; genre d'attentat qui, dirigé contre la représentation nationale, tendait à la détruire ; la couronne s'attribuait par-là un droit que la Charte ne lui donnait pas, celui de casser les opérations des colléges.

« Ce premier pas fait, on conçoit que si le ministère eût convoqué les mêmes colléges, il n'eût pas obtenu des choix plus favorables. Une autre ordonnance annule donc nos lois électorales, et leur substitue un autre système, monument de déception, et l'on pourrait dire de folie, car il y avait folie à espérer qu'une nation intelligente et éclairée consentirait à s'y soumettre. Par ce système, le nombre des députés était réduit de 430 à 258. Les colléges d'arrondissement se bornaient à présenter des candidats ; les colléges des départemens n'étaient tenus de choisir que la moitié des députés parmi ces candidats. La violation du secret des votes était consacrée ; enfin la formation des listes privée de l'intervention salutaire des Cours royales était entièrement confiée à l'arbitraire de l'administration. Tel était le système que le ministère avait la téméraire prétention d'imposer à la France.

« Second attentat non moins caractérisé que le premier, autre violation de la Charte qui prohibait l'organisation des colléges électoraux, autrement que par des lois, et qui ne permettait pas à la couronne de révoquer par ordonnance une loi décrétée par les trois pouvoirs de l'état.

« Une troisième ordonnance convoque les nouveaux colléges pour les 6 et 18 septembre, et les Chambres pour le 28 du même mois; mais comme toutes ces mesures auraient été sans effet, si la presse périodique avait pu les discuter, une quatrième ordonnance révoque les lois qui consacrent sa liberté! On fait revivre les dispositions de celle du 21 octobre 1814, c'est-à-dire qu'on impose à tout journal périodique l'obligation de ne paraître qu'avec autorisation; et l'on ajoute à cette rigueur le principe de la plus odieuse des spoliations, on déclare que les presses et caractères des journaux surpris en contravention, seront saisis *ou mis hors de service*.

« M. de Peyronnet a avoué que si la conception de l'ordonnance électorale appartenait au conseil, la rédaction était en grande partie son ouvrage. Ni lui, ni les autres ministres détenus, n'ont fait connaître quel était le rédacteur des ordonnances relatives à la dissolution de la Chambre et à la suspension de la liberté de la presse périodique.

On assure que l'établissement des cours prévotales devait compléter ce système de contre-révolution. On prétend même que des ordres étaient déjà donnés dans divers départemens pour les organiser. On va jusqu'à nommer les hommes qui devaient en faire partie. Votre commission à cet égard n'a recueilli que des indices : à la chancellerie tout a été détruit; dans les départemens, divers procureurs-généraux ont déclaré que leurs prédécesseurs, en quittant leurs parquets, avaient anéanti tout ce qui pouvait compromettre, soit eux-mêmes, soit la précédente administration. (Écoutez! écoutez!)

« Le cabinet jugea convenable ne faire précéder ces extraordinaires mesures par une sorte d'exposé des motifs sous la forme de rapport au roi. Les ex-ministres détenus s'accordent à déclarer que l'idée de ce rapport ne vint au conseil qu'après que le principe et même la rédaction des ordonnances eurent été arrêtés. M. de Chantelauze fut chargé de le rédiger, il n'a point hésité d'en faire l'aveu.

« Ce document est un manifeste contre la presse périodique à laquelle, avec tant d'autres prétendus écarts, son auteur reproche particulièrement d'avoir provoqué une adresse attentatoire aux prérogatives du trône, d'avoir érigé en principe la réélection des 221 députés dont elle était devenue l'ouvrage, et d'avoir aggravé l'offense que ces députés avaient faite au roi, par leur prétendu refus de concourir. Le rapport finissait par ces terribles paroles : « D'impérieuses nécessités ne permettent plus de différer l'exercice de ce pouvoir suprême (celui supposé résultant de l'article 14 de la Charte) : le moment est venu de recourir à des mesures qui rentrent dans l'esprit de la Charte, mais qui sont en dehors de l'ordre légal dont toutes les ressources ont été inutilement épuisées. »

« L'ordonnance relative au nouveau système électoral, celle suspensive de la liberté de la presse périodique et le rapport au roi, furent signés par tous les ex-ministres présens à Paris;

l'ordonnance portant dissolution de la Chambre et convocation des nouveaux colléges furent signées par M. le comte de Peyronnet seul.

« Mais, par l'effet d'une inconcevable préoccupation, en même temps qu'on bouleversait notre ordre représentatif, et qu'on nous frappait d'incapacité électeurs et députés, les lettres closes, qu'on est d'usage d'adresser à ceux-ci, s'expédiaient, se notifiaient à domicile; et les élus de la nation, en marche de toutes parts pour se rendre au poste où le devoir les appelle, ne connurent qu'en route les ordonnances qui les atteignaient.

« Il était naturel de penser que la coïncidence de l'expédition de ces lettres avec la dissolution de la Chambre fît naître des soupçons. On dut croire que l'intention du cabinet avait été de faire sortir les députés de leurs départemens, et de les appeler à Paris, afin de pouvoir plus facilement se saisir d'eux. Les ex-ministres détenus, interrogés sur ce point, ont répondu que la signature donnée par le roi aux originaux des lettres closes, avaient précédé l'adoption du projet de dissolution, et que l'expédition qui s'en fit selon l'usage dans les bureaux eut lieu pendant que ce projet était encore dans la délibération.

« Admirons toutefois les desseins de la Providence; c'est à un tel oubli, si toutefois c'en est un, que la France a dû la prompte réunion du pouvoir tutélaire qui seul, dans ces momens de crise, pouvait si utilement concourir à son salut. (Marques prononcées d'attention.)

« Le 25 juillet, jour à jamais mémorable dans les fastes de notre histoire, fut tout à la fois celui de la date et de la signature des ordonnances.

« Ne croyez pas néanmoins que ce fut sans effroi que ces ministres imprudens consommaient leur attentat. La déposition de l'homme qui, depuis longues années, est le témoin officiel de toutes nos révolutions, et souvent de nos erreurs, peint trop le trouble de leur ame, pour qu'il soit possible de la passer sous silence. M. Sauvo, rédacteur en chef du *Moniteur*, reçut le 25 l'ordre inusité pour lui de se rendre chez le garde-des-sceaux à onze heures du soir. Introduit dans son cabinet, il trouva ce chef de la magistrature en compagnie de M. de Montbel, l'un et l'autre la tête tristement appuyée sur leur main. (Mouvement de curiosité.)

« Le garde des sceaux remit les ordonnances à M. Sauvo, lui dit de les reconnaître et d'en donner un reçu; en les feuilletant et en en parcourant, quoique très-rapidement, ce qu'elles renfermaient, il fut difficile à M. Sauvo de cacher son émotion. M. de Montbel le remarqua, et lui dit avec inquiétude : « Eh bien?... » Le digne rédacteur répondit peu de mots; mais ils étaient expressifs : « Monseigneur, Dieu sauve le roi! Dieu sauve la France! » Un long silence succède, après lequel M. de Montbel, voulant le forcer à s'expliquer, lui dit encore : « Eh bien?.... » M. Sauvo répéta les mêmes paroles. Il se retirait, lorsque M. de Montbel, se levant précipitamment, le retient, et le provoquant avec anxiété : « Parlez. — Messieurs, dit M. Sauvo en se retournant, j'ai 57 ans ; j'ai vu toutes les journées de la révolution, et je me retire avec une profonde terreur de nouvelles commotions. »

« La porte se referma sur lui ; il emporta, pour les publier au *Moniteur* du lendemain, ces terribles manifestes qui devaient ébranler la monarchie, engloutir les ministres et le roi, et cependant, par la plus prompte et la plus miraculeuse des révolutions, régénérer notre ordre social.

« Le secret avait été profondément gardé ; rien n'avait transpiré. Le 25, les habitans de Paris apprirent à leur réveil cette conspiration du trône contre les libertés publiques ; l'indignation s'empara aussitôt de toutes les ames, et la courageuse détermination de résister se répand comme un feu électrique.

« Mais des précautions militaires étaient prises ; on avait préparé les plus énergiques mesures pour assurer par les armes l'exécution des ordonnances, et il paraît que pour les prendre, le président du conseil s'était passé de la participation de ses collègues.

« Le maréchal duc de Raguse, dont le nom malheureusement célèbre ne pouvait inspirer confiance autre part qu'à la Cour, (On rit.) était de service comme major-général de la garde. Dès le 20 juillet, il transmet un ordre confidentiel aux divers chefs de corps, tel qu'on n'en donne guère qu'en présence de l'ennemi, ou que dans les circonstances les plus critiques. Cet ordre indique les divers lieux où en cas d'alerte les troupes doivent se rendre ; il explique ce que c'est que le cas d'alerte; il s'entend « par la générale ou par une « révolte quelconque d'attroupemens armés. Dans « ces deux cas, les troupes se rendront de suite « avec armes et bagages et les munitions néces- « saires aux lieux indiqués et sans attendre d'or- « dres... Les troupes, dans ces mêmes cas, sont « en capotes, le sac sur le dos, afin de déjouer « le dessein que pourraient avoir formé les sédi- « dieux de nous tromper en se présentant avec « l'habit de la garde. Défense est faite aux offi- « ciers, sous-officiers et soldats de quitter leur « poste ; défense de communiquer avec les habi- « tans. Si le roi est à Saint-Cloud, les corps ca- « sernés à l'École-Militaire, infanterie, cavalerie « et artillerie, s'établiront au Champ-de-Mars ; « l'artillerie détachera une batterie qui se rendra « aux Champs-Élisées par l'allée des Veuves, et « restera en colonne dans l'avenue de Neuilly. »

« Enfin il est dit : (Nouvelles marques de curiosité.) « Le général d'infanterie de service fera « remettre une *copie cachetée* de cet ordre confi- « dentiel au chef de bataillon qui commande les « troupes casernées à la rue Verte, et que cet of- « ficier ne devra l'ouvrir qu'en cas d'alerte. »

« Ainsi, Messieurs, cinq jours avant la signature des ordonnances, conséquemment avant que le plan en eût été arrêté définitivement, le duc de Raguse mis dans la confidence du prince de Polignac, veillait déjà à contenir le peuple de Paris et à étouffer par la force des armes toute tentative de résistance.

« Ainsi la pensée de ces fatales ordonnances commençait à recevoir son exécution avant même que M. de Polignac eût obtenu l'adoption de ses collègues.

« Cet ex-président du conseil a prétendu dans son interrogatoire, que l'ordre confidentiel du maréchal n'a rien de surprenant, et que les majors généraux de la garde en donnaient souvent de semblables; il faudrait alors déplorer l'espèce de fatalité qui s'attache aux actes de ce maréchal, et qui les fait parfaitement coïncider avec les plans du chef de cabinet. (Sensation.)

« Nous n'avons pas besoin de démontrer que c'était par les voies militaires, c'est-à-dire, par la force des armes, que le président du conseil avait dessein d'assurer l'exécution des ordonnances. Le même jour qu'elles furent signées, le 25 juillet, une autre ordonnance contresignée par M. de Polignac seul, conféra au duc de Raguse le commandement supérieur des troupes de la première division militaire. Les autres ministres n'ont encore aucune connaissance de cette mesure si importante dans l'occurrence, et par son objet et par le nom si impopulaire de celui qui doit prendre ce commandement. M. de Polignac assure dans un de ses interrogatoires que le projet d'en investir le duc de Raguse était ancien et causé parce que le général Coutard était parti pour les élections, et qu'il devait ensuite se rendre aux eaux pour quelques mois. Mais les colléges ayant été convoqués pour le 23 juin et le 3 juillet, et le général Coutard ayant dû quitter Paris avant cette époque, comment se fait-il qu'on ait attendu le 25, et que ce soit précisément ce jour-là qu'on ait choisi pour investir le maréchal de ce commandement supérieur?

« C'est que la résolution était prise d'intimider les Parisiens par la terreur. Aussi, dès le lendemain 26, le prince de Polignac écrit-il au maréchal : « Votre Excellence a connaissance des me-« sures extraordinaires que le roi, dans sa sagesse « et dans *ses sentimens d'amour pour son peuple* (ici « la Chambre ne peut contenir quelques excla-« mations; l'indignation éclate avec plus de force « dans les tribunes), a jugé convenable de pren-« dre pour le maintien des droits de sa couronne « et de l'ordre public. Dans ces importantes cir-« constances, S. M. compte sur votre zèle pour « assurer l'ordre et la tranquillité dans toute l'é-« tendue de votre commandement. »

« La journée du 26 se passe en vive agitation de la part du peuple de Paris, et en mesures actives de la part de l'autorité. Dès ce moment, c'est directement avec le président du conseil que le préfet de police et toutes les autorités se mettent en communication. A dater du 26 l'autorité des autres ministres disparaît entièrement.

« Le 27 plusieurs journaux continuent à paraître, et publient une énergique protestation, la force armée se transporte dans leurs ateliers d'imprimerie.

« Un rapport du préfet de police à M. de Polignac est ainsi conçu : « *Presses libérales;* on les sai-« sit, et, quoiqu'on fasse, j'en serai maître; la

« gendarmerie et la ligne tiendront la main à « l'exécution. » Peu d'heures après, il lui annonce comme une victoire, qu'il tient en sa possession les presses des journaux *le Figaro*, *le Commerce* et *le National*. Les presses du *Temps* furent également mises sous les scellés.

« Cependant la saisie de ces presses ne se fait pas sans opposition ; la résistance à des ordonnances violatrices de la Charte devenait un devoir. Le peuple s'assemble, le tumulte s'accroît en même temps que toute la troupe est sous les armes ; mais de la part du peuple on n'entend encore que le cri de *vive la Charte !* la place du Palais-Royal, la rue Saint-Honoré et autres rues adjacentes sont les lieux où les rassemblemens deviennent les plus nombreux ; il paraît qu'ils deviennent aussi le premier théâtre des scènes sanglantes que cette journée a à déplorer.

« La force armée sur ce point était nombreuse ; et sans agression réelle, sans provocation de la part du peuple, sans sommations de la part de l'autorité, la troupe fait usage de ses armes ; une charge de gendarmerie à cheval a lieu, sabrant tout ce qui se présente devant elle, et plusieurs feux de pelotons d'infanterie de la garde sont dirigés sur une multitude désarmée. Ces faits résultent de l'enquête ; il en résulte aussi que l'autorité civile, au lieu de protéger les citoyens, paraissait animer les soldats contre eux.

« Un commissaire de police a été vu circulant sans cesse sur le front des détachemens, et paraissant donner des ordres à la troupe. Il résulte encore de l'enquête que les chefs des corps étaient porteurs de l'ordre écrit de tirer sans ménagement sur le peuple. Un témoin affirme un fait qui le prouverait, et qui s'est passé sous ses fenêtres. Il a entendu un chef d'escadron de gendarmerie faire à un jeune officier d'un régiment de ligne l'injonction de commander le feu. Ce digne militaire dit qu'il n'avait pas d'instruction ; un papier lui fut alors exhibé, mais l'officier répondit par un signe négatif, en inclinant la pointe de son épée vers la terre. (Sensation.) En même temps on voyait des officiers et sous-officiers distribuer de l'argent aux soldats pour les encourager et soutenir leur ardeur ; c'est même ici le cas de dire que les sommes qui furent distribuées à la troupe dans ces journées de deuil, s'élèvent, selon l'état que nous en a remis M. le ministre des finances, à la somme de 974,261 fr. 88 cent. (Marques générales de surprise.), dont 553,271 fr. 88 cent. furent délivrés par la liste civile, et 421,000 fr. par le trésor. M. le ministre de la guerre, maréchal Gérard, dans une note par lui remise à la commission, a fait remarquer l'irrégularité de la forme employée par l'ex-ministre des finances, M. de Montbel, pour la délivrance de cette dernière somme ; il a déclaré qu'il ne pouvait ni la reconnaître, ni la mettre à la charge de l'administration de la guerre, et a rejeté sur M. de Montbel toute la responsabilité de cette dépense illégale. (Signes approbatifs.)

« De la partie de l'enquête que nous analysons, il résulte que les ordres les plus précis avaient été donnés, qu'ils avaient le massacre des citoyens pour objet, et que pour briser toute possibilité de résistance de la part du peuple, on avait résolu de l'écraser avant même toute provocation.

« C'était donc une sorte de guet-apens concerté entre l'autorité civile et l'autorité militaire, guet-apens constaté dès le 20 juillet par l'ordre du jour confidentiel du duc de Raguse; le 25, par la nomination contresignée Polignac, de ce duc au commandement supérieur de la 1re division militaire; le 26, par la lettre que lui écrivit le président du conseil; et le 27, par le sang qu'on a versé à grands flots.

« Votre commission, Messieurs, n'a pas dû porter ses recherches sur les scènes de carnage qui eurent lieu dans les rues de Paris ce jour-là et les suivans; il lui a suffi de constater quel avait été l'agresseur ou du peuple ou de l'autorité.

« Mais en même temps que des citoyens sans défense étaient frappés, un autre genre d'attentat se préparait : l'autorité judiciaire, inaperçue jusqu'ici, allait agir; et il est douloureux d'avoir à dire que ce ne fut pas dans l'intérêt de la loi, mais pour fonder la tyrannie; elle va seconder l'arbitraire, violer la liberté individuelle, et porter atteinte à tous les droits. Un réquisitoire est dressé, un juge d'instruction y obtempère; quarante-cinq mandats sont décernés. Le magistrat qui les a requis prétend qu'ils ne devaient frapper que les journalistes signataires de la protestation publiée dans plusieurs journaux du 27, et que c'était un simple délit de la presse qu'on voulait réprimer.

Il y a sur ce point de l'obscurité, car le nombre des signataires n'était que de trente-huit, et l'on ignore de quels noms se complétait le nombre de quarante-cinq. (Sensation.)

« Une voix : Quel est donc ce magistrat ?

« M. Bérenger : Six mandats sont remis au préfet de police. Pour assurer leur exécution, celui-ci les confie à la vigilance de l'un de ses agens, qui heureusement recule devant cette tâche difficile. Les réquisitoires, les mandats ont été détruits; et le doute conçu sur leur nombre n'a pas encore été éclairci.

« L'auteur des réquisitoires, le magistrat qui y fit droit, le préfet de police qui consentit à faire exécuter les mandats, agissaient-ils de leur propre mouvement ? On le croira difficilement, il est bien plus naturel de chercher le principe de ces actes cruellement rigoureux dans des ordres plus élevés.

« Ainsi finit la journée du 27.

« Dès-lors on dut apprécier quel caractère prendrait la résistance ; on dut sentir que le sang versé ajouterait à l'énergie des citoyens. Désormais c'était un combat à mort qu'on allait se livrer, et le drapeau noir, arboré sur divers points, annonçait assez la nature de la lutte qui allait s'engager. (Nouveau mouvement dans la Chambre et dans les tribunes.)

« De grands malheurs pouvaient être évités; aucune tentative n'est faite pour éclairer la Cour; les ministres, que dis-je ? le prince de Polignac, car lui seul apparaît dans ces tristes événemens, ne cherchent point à faire connaître la vérité à Charles X, à lui dire que le sang coule par torrens, qu'il peut être temps encore de prononcer des paroles de paix et de réconciliation. MM. de Peyronnet, Guernon de Ranville et Chantelauze, déclarent que s'il y avait encore des ministres, il n'y avait plus de ministère; que M. de Polignac correspondait seul avec la cour.

« La journée du 28 offre le spectacle d'un roi de France traitant sa capitale en ville ennemie. Paris est mis en état de siége ; le centre des beaux-arts et de la civilisation respecté deux fois par les armées étrangères, va subir le sort qu'il n'eût probablement pas eu à redouter d'une troisième invasion. Un maréchal de France est chargé de cette horrible mission, c'est encore le duc de Raguse! Singulière destinée que celle de ce guerrier qui, après avoir été long-temps associé à la gloire de nos armes, apparaît à chacun de nos déchiremens politiques comme un génie malfaisant pour sa patrie. (Adhésion marquée.)

« L'ordonnance qui causa cette terrible mesure n'est contresignée que par le prince de Polignac; les trois ex-ministres détenus avec lui ont affirmé n'en avoir aucune connaissance : elle ne fut donc pas délibérée en conseil.

« En même temps le président du conseil écrit au maréchal : « Vous feriez bien de faire dire à
« M... que le roi donnera de l'argent aux ouvriers
« qui ont faim, s'ils quittent les révoltés, et qu'il
« le fasse publier partout, et que, d'un autre côté,
« un conseil de guerre doit juger les coupables. »

« Effectivement, on s'occupa le même jour d'organiser ce puissant moyen de terreur. Le chef et le sous-chef du bureau de la justice militaire furent appelés chez le sous-secrétaire d'état faisant les fonctions de ministre de la guerre, où ils trouvèrent réunis plusieurs officiers chargés de la formation d'un tribunal militaire; mais les événemens s'accéléraient. Le sous-secrétaire d'état fut mandé aux Tuileries, et on se sépara.

« Cependant des ordres sont donnés pour dissoudre les camps de Saint-Omer et de Lunéville, et pour en faire marcher les troupes sur Paris : le prince de Polignac avoue ces ordres; mais il dit que les troupes étaient dirigées sur Saint-Cloud.

« Ce jour on se bat dans presque tous les quartiers de Paris; la garde nationale se forme; des citoyens généreux régularisent les mouvemens ; la troupe est souvent vaincue, et tout annonce quelle sera l'issue de cette lutte.

« Vers les deux heures, d'honorables députés, dans le dessein de faire cesser le carnage, se rendent auprès du maréchal; ils demandent le rapport des ordonnances, le renvoi du ministère et la réunion immédiate des Chambres, et offrent à ce prix de se rendre médiateurs entre le peuple et l'armée. Le maréchal n'ose prendre sur lui de suspendre les opérations militaires; mais il promet de faire part de leur démarche à Charles X. Le président du conseil, qui se trouvait alors chez le maréchal, paraît d'abord désirer d'entretenir ces généreux mandataires; puis, sans vouloir les entendre, il finit par leur faire dire que les ordonnances ne seront point retirées.

« M. de Polignac prétend qu'il écrivit au roi, et que le maréchal lui écrivit aussi de son côté. Il ajoute que le duc de Raguse ne lui fit point connaître la réponse de Charles X, et que sur ce point d'ailleurs, toutes les fois qu'il sera interrogé sur ce que le roi aura pu lui avoir dit ou écrit, un sentiment de respect et d'honneur lui imposera un silence absolu. (Mouvement très-marqué à droite.)

« Hélas! Messieurs, le sang continue de couler, et son effusion apprend assez quelle fut la réponse du monarque. Ici, on ne peut s'empêcher de se livrer à de bien tristes réflexions sur la cour, ou à de bien graves soupçons sur la conduite du prince de Polignac ou du duc de Raguse. Laissèrent-ils ignorer au roi le danger des conjonctures? Conseillèrent-ils de continuer cette lutte sanglante? Ou ce prince, insouciant du malheur du peuple, et aveuglé jusqu'à la fin sur sa position, voulut-il exposer sa couronne aux chances d'un résultat désormais trop prévu?

« L'histoire dira à quelles frivoles occupations étaient livrés le monarque et sa cour dans ces momens si décisifs. La postérité refusera d'y croire.

« Cependant une commission municipale s'était organisée et siégeait à l'Hôtel-de-Ville. Les citoyens de Paris commençaient à ressentir les effets de cette autorité tutélaire. Forts de son appui, ils redoublèrent de courage et d'énergie, et comme cette commission le dit elle-même le lendemain 29, la guerre avait prononcé.

« Il n'entre pas dans le plan de votre commission de suivre les événemens ultérieurs : l'attentat dont la Chambre a voulu connaître toute l'étendue est suffisamment exposé. La victoire a empêché qu'il ne fût consommé, et la plus glorieuse, la plus heureuse des révolutions a enfin délivré la France du gouvernement qui depuis seize ans pesait sur elle. Qu'importe d'ailleurs qu'une tardive résolution arrachée par la peur ou par les supplications de ceux qui entouraient Charles X, ait fait retirer les ordonnances, et dissous le cabinet? Une telle mesure est impuissante : la guerre a prononcé, il n'y a plus de ministère, il n'y a plus de monarque; la France est rentrée dans tous ses droits.

« Trois jours ont suffi pour renverser un trône que la seule apparition d'un homme, en 1815, avait également fait disparaître ; rien ne démontre mieux qu'il n'avait aucune racine dans la nation. (Sensation.)

« Pour la troisième fois, les membres de cette branche des Bourbons quittent la patrie; repoussés toujours, pourront-ils comprendre enfin, comme toute l'Europe l'a compris, qu'ils sont désormais impuissans pour nous nuire.

« Ainsi, Messieurs, il résulte du long examen auquel votre commission s'est livrée, que le projet de contre-révolution qui a reçu son exécution dans les journées de juillet était médité depuis long-temps, et notamment depuis l'avénement de Charles X au trône; que, depuis lors, ce projet fut successivement repris ou suspendu, selon que l'état de l'opinion publique en France donnait de la crainte ou faisait naître de l'espoir ; que le ministère du 8 août fut spécialement formé dans le but d'accomplir les desseins qu'on se proposait ; que ce ministère, dont le prince de Polignac était l'ame, s'occupa dès-lors de remplir sa mission ; qu'après avoir éprouvé une première modification en novembre 1829, et une deuxième au mois de mai suivant, il concerta un plan de violences et de menaces pour obtenir des élections favorables à ses vues ; que cette tentative coupable n'ayant pas eu le résultat qu'il en attendait, il se détermina à faire prononcer par le roi la dissolution de la Chambre avant qu'elle fût assemblée, ce qui était casser inconstitutionnellement les opérations des colléges ; que par des ordonnances royales, il changea le système électoral établi par les lois et la législation sur la presse périodique, qu'il viola ainsi la Charte constitutionnelle, troubla la paix intérieure du pays, provoqua les citoyens à la guerre civile, et répandit des sommes considérables pour animer les soldats contre le peuple ; que le président du conseil surtout se rendit provocateur de cette guerre intérieure par la nomination du duc de Raguse au commandement de la première division militaire, par la mise de Paris en état de siége, et par des mesures prises pour l'emploi de la force armée contre le peuple avant toute provocation.

« Tous ces faits, Messieurs, constituent le crime de haute trahison tel qu'il est prévu par l'art. 56 de l'ancienne Charte.

« La France a fait preuve de longanimité ; elle

avait besoin d'exposer à la face du monde le tableau de ses griefs contre le gouvernement qui n'est plus.

« Un grand acte national est maintenant attendu.

« C'est pour la première fois que vous allez exercer un droit inhérent à votre nature d'accuser et de traduire devant la chambre des pairs des ministres coupables.

« Le pays, par votre intervention, va demander justice des hommes qui ont violé les lois et troublé la paix dont il jouissait.

« Mais la France n'est pas seule attentive; tous les peuples de l'Europe, les yeux fixés sur notre révolution, attendent à leur tour, pour nous juger, de connaître l'usage que nous allons faire d'une liberté si heureusement recouvrée. Ils s'affligeraient, car ils nous admirent, si nous manquions de justice et de fermeté.

« Justice et non vengeance, tel est le cri qui part de tous les cœurs. La vengeance, indigne d'une grande nation, appartient aux temps de ténèbres et de barbarie. La justice, triomphe du droit sur ce qui est usurpé, de la raison sur le crime, atteste, quand elle est circonscrite dans une juste mesure, les progrès des lumières et des mœurs.

« Et quel autre que ce peuple de Paris, élite de la France, a prouvé une civilisation plus avancée? Quel autre a montré mieux qu'il savait discerner la justice de la vengeance, respectant tous les droits, secourant au milieu du carnage des ennemis vaincus, évitant tout excès, et après la victoire retournant à son travail, sans attendre d'autre prix que la satisfaction d'avoir sauvé la patrie ?

« Mais ce peuple doué de tant de vertus s'offenserait qu'on pût supposer qu'il veut rien de plus que de la justice. La France l'attendra avec calme, confiance et dignité. Vous la demanderez en son nom, et la Chambre des pairs, dont l'indépendance est une condition de son existence, accomplira sa haute mission.

« Votre commission vous propose d'adopter la résolution suivante (profond silence) :

RÉSOLUTION.

« La Chambre des députés accuse de trahison MM. de Polignac, de Peyronnet, Chantelauze, de Guernon-Ranville, d'Haussez, Capelle et de Montbel, ex-ministres, signataires des ordonnances du 25 juillet :

« Pour avoir abusé de leur pouvoir, afin de fausser les élections, et de priver les citoyens du libre exercice de leurs droits civiques ;

« Pour avoir changé arbitrairement et violemment les institutions du royaume ;

« Pour s'être rendus coupables d'un complot attentatoire à la sûreté extérieure de l'Etat ;

« Pour avoir excité la guerre civile, en armant ou portant les citoyens à s'armer les uns contre les autres, et porté la dévastation et le massacre dans la capitale et dans plusieurs autres communes.

« Crimes prévus par l'article 56 de la Charte de 1814, et par les articles 91, 109, 110, 123 et 125 du Code pénal.

« En conséquence la Chambre des députés traduit MM. de Polignac, de Peyronnet, Chantelauze, Guernon de Ranville, d'Haussez, Capelle et Montbel, devant la Chambre des pairs.

« Trois commissaires pris dans le sein de la Chambre des députés seront nommés par elle au scrutin secret et à la majorité absolue des suffrages, pour, en son nom, faire toutes les réquisitions nécessaires, suivre, soutenir, et mettre à fin l'accusation devant la Chambre des pairs, à qui la présente résolution et toutes les pièces de la procédure seront immédiatement adressées.

La Chambre ordonne l'impression et la distribution du rapport, et en fixe, d'un mouvement, unanime, la discussion à lundi.

« Le rapport est un exposé simple et consciencieux des faits sur lesquels repose l'accusation. Le ton en est à la fois d'une modération et d'une fermeté dignes du caractère et du talent du rapporteur.

« Les dernières phrases ont produit une vive impression sur l'assemblée. « Ce n'est point de la « vengeance, c'est de la justice que la France « réclame, » a dit, en terminant, le rapporteur de la commission. La France ne désavouera pas ces paroles ; elles sont l'expression vraie de ses sentimens.

DISCUSSION SUR LA MISE EN ACCUSATION DES DERNIERS MINISTRES DE CHARLES X, DANS LA SÉANCE DE LA CHAMBRE DES DÉPUTÉS DU 27 SEPTEMBRE.

Un grand nombre de députés ont pris part à cette discussion. Les limites de cet ouvrage, ne nous permettant pas de rapporter ici l'opinion motivée de chacun des membres qui ont pris la parole dans cette circonstance, nous nous bornerons à citer textuellement les discours qui nous ont paru les plus remarquables, et qui ont en effet un caractère d'intérêt très-grand, et que chacun saura apprécier; on les trouvera ci-après et à la suite des différens chefs d'accusation posés par la commission; ceux d'abord qui concernent M. de Polignac, lesquels chefs d'accusation ont été lus successivement à la Chambre par M. le Président; écoutés avec un religieux silence: les voici. Suivront les discours de M. de Martignac, de M. Berrier, etc.

« La Chambre des députés accuse de trahison M. de Polignac, pour avoir abusé de son pouvoir afin de fausser les élections, et de priver les citoyens du libre exercice de leurs droits civiques. »

Le premier chef d'accusation est adopté à une très-forte majorité; un assez grand nombre des membres du centre droit ne votent pas.

« D'avoir changé arbitrairement et violemment les institutions du royaume. »

«M. de Noaille et plusieurs autres membres de la droite se lèvent, et avec eux presque tout le reste de l'assemblée, en faveur de ce chef d'accusation.

« De s'être rendu coupable d'un complot attentatoire à la sûreté de l'Etat; »

Ce troisième chef est adopté à une majorité encore plus forte.

« D'avoir excité à la guerre civile en armant ou portant les citoyens à s'armer les uns contre les autres, et porté la dévastation et le massacre dans la capitale et dans plusieurs autres communes; »

Ce quatrième chef est adopté à la presque unanimité; douze ou treize membres les plus rapprochés de l'extrême droite se lèvent à la contre-épreuve.

L'heure étant très-avancée, la Chambre décide à une forte majorité qu'elle ne fera ce même jour qu'un seul scrutin.

M. le président décide que ceux qui voteront pour l'accusation, mettront une boule blanche dans l'urne qui est sur la tribune; et que ceux qui voudront absoudre, y déposeront une boule noire; il invite les huissiers à veiller à ce qu'aucun de MM. les députés ne quitte sa place, et ne vienne voter qu'après qu'on aura distinctement entendu appeler son nom.

L'appel nominal se fait dans le plus grand ordre. M. le Président en proclame ensuite le résultat :

Nombre de votans . . . . 291.
Boules blanches pour l'accusation . . 244.
Boules noires contre l'accusation . . 47.

La Chambre adopte l'accusation contre M. de Polignac. Les appels nominaux et les scrutins séparés, en ce qui concerne les autres ministres, sont continués à demain ; on les trouvera ci-après à la suite des discours dont la teneur suit :

M. de Martignac. — « Le prince de Polignac, dit-il, a, comme toute la France le sait, renversé le ministère dont je faisais partie : séparé de lui par un ressentiment politique, blessé justement du langage journalier des écrivains qui passaient pour ses organes, je n'ai eu depuis cette époque jusqu'à ce jour, aucune espèce de rapport, ni de communication avec lui. Au moment où il va être frappé d'une accusation capitale, au moment où il croit voir sa vie menacée, M. le prince de Polignac s'est souvenu de moi, il a eu la pensée de m'appeler à le défendre (sensation vive et prolongée) ; hier il a fait réclamer mes conseils et mon secours auprès des juges devant lesquels la Chambre va peut-être le renvoyer.

« J'ai été, Messieurs, ému autant que surpris du témoignage d'une confiance à laquelle rien ne m'avait préparé. Toutefois je n'ai dû voir que le danger et les alarmes d'une famille ; j'ai consulté mon cœur, je vous le déclare, et vous le comprendrez, j'ai cru que le refus ne m'était pas possible (sensation); j'ai donc promis autant qu'il dépend de moi : le prince a reçu ma parole au milieu du malheur qui l'accable.

« Dans une situation pareille, je dois demeurer étranger à la délibération dont la Chambre va l'accuser. L'explication que j'ai l'honneur de vous donner n'a d'autre objet que de constater ce fait.

« M. de Martignac est retourné s'asseoir à sa place, où il est resté immobile sans participer en aucune manière aux débats qui ont suivi.

M. Berrier. — « L'imposant silence avec lequel a été écouté le rapport de votre commission, semble manifester dans la Chambre un tel mouvement d'adhésion, qu'aux yeux de la plupart d'entre vous il doit y avoir une sorte de témérité à monter à cette tribune pour combattre la résolution proposée ; mais c'est surtout lorsque dans de si graves circonstances les esprits paraissent conduits avec entraînement vers une même pensée, que le devoir d'un homme de cœur est plus impérieux, et qu'il doit exprimer plus hautement les opinions contraires que sa conscience lui inspire, et dont sa raison est convaincue.

« Je ne me dissimule pas que cette position toujours pleine de difficultés, en présente plus pour moi que pour tout autre ; ma voix vous doit être suspecte en ce moment. Mon amitié qui depuis de longues années m'unissait à plusieurs membres du nouveau ministère, est connue de chacun de vous, et peut-être ne serai-je écouté que comme le défenseur obligé ou convenu de ceux que l'on accuse ; certes ce n'est pas au jour de leur infortune que j'abjurerai des sentimens conçus en d'autres temps ; mais leur défense est confiée à un organe et plus habile et plus grave. Veuillez donc croire que dans cette solennelle délibération, fidèle à la pensée qui m'a fait demeurer au milieu de vous, je saurai m'élever au-dessus de mes affections particulières, et remplir loyalement le devoir d'un député, et la haute fonction de justice qui nous est imposée aujourd'hui.

« Je ne me propose point de discuter le rapport

de votre commission dans ses détails. L'ex' men d'une grande partie de ce travail réclame et les lumières et les méditations impartiales de la postérité ; je ne veux que vous présenter quelques réflexions générales sur la résolution relative aux derniers ministres.

« La France, a dit votre rapporteur, avait besoin d'exposer à la face du monde le tableau de ses griefs contre un gouvernement qui n'est plus.... Tous les peuples de l'Europe ont les yeux fixés sur nous.

« Demeurons, Messieurs, sur ce terrain élevé et en présence de cet immense auditoire : législateurs et juges, sachons comprimer des émotions d'autant plus vives qu'elles sont plus récentes, faire taire en nous tant de ressentimens, tout regret, toute souffrance, et garder une conduite et tenir un langage qui soient approuvés dans tous les temps, dans tous les lieux : c'est d'ailleurs une condition de la justice dont les règles sont éternelles et invariables.

« Une lutte violente s'est élevée entre la France et son roi : la guerre a prononcé, vous a-t-il dit, ce prince, à qui les députés disaient il y a peu de mois, que les droits sacrés de sa couronne étaient la plus sûre garantie de nos libertés; que les siècles avaient placé pour le bonheur de la France son trône dans une région inaccessible aux orages; ce prince a perdu en peu d'heures, et son sceptre et sa patrie ! Avec sa postérité il a été conduit aux terres de l'exil ! la guerre a prononcé ! et l'on propose aujourd'hui aux vainqueurs d'accuser et de juger les ministres vaincus de ce gouvernement aboli. Chez plus d'un peuple, et plus d'une fois dans le long et triste cours des dissentions humaines, un semblable spectacle a été offert au monde, mais toujours l'équitable histoire a condamné et condamnera cet appareil judiciaire déployé en de telles circonstances par le parti victorieux.

« J'exprime ici une pensée profondément gravée dans mon cœur, et pardonnez-moi, Messieurs, de le dire, j'ai quelque droit de l'exprimer avec confiance : en 1815, déjà pénétré des sentimens qui ne s'éteindront qu'avec ma vie, alors que les passions politiques étaient partout ardentes et plus excitées en moi par la chaleur d'une extrême jeunesse, je me disais : un empoisonneur, un voleur public, un parricide sont toujours criminels, et doivent être condamnés en tout temps, en tout pays. Il n'en est point de même des criminels d'État. Donnez-leur seulement d'autre juge : que le temps calme les intérêts, modifie les passions, leur vie sera en sûreté et peut être en honneur !

« C'est dans cette pensée que je m'assis près de mon père pour la défense du maréchal Ney, et que je parvins à sauver du moins les jours des généraux Debelle et Cambronne.

« Aujourd'hui, Messieurs, une nouvelle et complète révolution s'est opérée au milieu de nous : le peuple en combattant a tiré une éclatante vengeance de ceux qui tiraient sur lui ; tous les pouvoirs de la société sont passés aux mains du parti contraire ; les opinions attaquées triomphent, les intérêts blessés dominent, et vous penseriez qu'il y aurait dignité, mesure, liberté, garantie de justice dans les rigueurs exercées contre les auteurs des actes politiques qui ont précédé cet immense changement !

« On veut que vous accusiez les ex-ministres de haute trahison ! Envers qui ? envers le roi qui a été précipité du trône, ou envers celui que vous venez d'y appeler ? contre l'ordre des choses que le peuple a détruit, ou contre celui que vous venez de créer ? contre la Charte dont vous avez vous-même renversé le principe fondamental, changé le caractère et modifié les dispositions ?

« Non, Messieurs, lorsque le 7 août, vous avez écrit en tête de votre déclaration que, *par suite de la violation de la Charte, le trône de Charles X était vacant en fait et en droit ;* le jour où des commissaires choisis au milieu de vous ont conduit ce prince et toute sa famille jusqu'au-delà des rivages français, vous avez abandonné le droit d'accuser les ministres de Charles X, pour ces mêmes motifs, pour ces mêmes violations de la Charte.

« Ici, permettez-moi de rappeler à mon tour la loi constitutionnelle dont les conséquences ont frappé tous les esprits. La Charte dit : « QUE LA PERSONNE DU ROI EST INVIOLABLE ET SACRÉE, QUE SES MINISTRES SEULS SONT RESPONSABLES ; » ces deux principes sont corrélatifs, dépendans l'un de l'autre, inséparables l'un de l'autre. La responsabilité des ministres est la garantie de l'inviolabilité du roi : cette inviolabilité des personnes royales est le fondement de la responsabilité des ministres ; l'inviolabilité des princes deviendrait un commode prétexte et un moyen facile de tyrannie : sans l'inviolabilité royale, la responsabilité des ministres ouvrirait une carrière de perpétuels désordres et d'anarchie sans cesse renaissante.

« L'exercice du droit d'accusation, en vertu de la responsabilité des ministres est légitime et nécessaire dans le cours naturel d'un gouvernement constitutionnel, dans le cercle du mouvement régulier de nos lois politiques. Il est injuste, exhorbitant, après ces commotions violentes où l'ordre de l'État a été changé, où les lois ont péri, où le sceptre est tombé des mains qui le portaient en déclarant la vacance du trône, en frappant le roi lui-même par la perte de ses droits, en le frappant jusque dans sa postérité, vous avez réputé qu'il avait voulu, commandé, exigé, et vous ne pouvez désormais punir ses ministres de leur désobéissance, etc.

« Toutefois je n'ai pas la pensée que les ministres sont exempts de tout reproche. Ah ! les plaintes trop légitimes qui s'élèvent contre eux, ne sont pas celles seulement de ceux qui demandent qu'on les condamne ! La plus belle couronne de l'univers tombée du front de l'héritier de tant de rois ! le caractère d'un prince loyal et humain, si douloureusement compromis, livré à de si vives accusations ! la longue paix et l'immense prospérité d'un grand peuple menacé de si désolans désordres ! Oui ! ils sont coupables ; mais vous ne pouvez pas vous faire leur accusateur, et je ne leur vois plus de juges sur la terre de France.

« En effet, Messieurs, à qui soumettrez-vous

l'accusation ? qui devra prononcer sur leur sort ? La cour des pairs ? mais ce tribunal, fondé pour les causes de la haute justice politique, est-il le même qu'au jour où l'accusation vous a été présentée ? Depuis que la proposition que nous examinons aujourd'hui a été soumise à la Chambre, 93 pairs de France ont été par vous dépouillés des droits de la pairie ; déjà saisis de l'accusation, vous avez réformé le tribunal et fait descendre de leur siège un si grand nombre de juges ! Je ne viens pas combattre de nouveau ce que vous avez décidé. C'est un événement emporté, commandé peut-être dans le cours de la révolution que vous avez accomplie ; mais ce fait ne suffit-il par pour démontrer qu'après cette révolution, si vaste dans ses résultats, vous ne pouvez sans blesser toute justice, toute morale, prononcer l'accusation pour des actes antérieurs, et la déférer à des juges que vous avez réservés.

« Dédaignant en ce moment les calculs de la politique, ses menaces, ses passions, ses intérêts si passagers, j'invoque ici au nom de la justice les lois morales éternelles, toujours puissantes, toujours vengées tôt ou tard sur la terre. Excité par le seul sentiment de mon honneur personnel, de l'honneur de la Chambre, de l'honneur de mon pays, je repousse la proposition d'accusation avec conviction comme avec liberté, sans affection, comme sans crainte, etc.

M. de Tracy.—Je ne m'étais pas fait inscrire pour prendre la parole dans cette circonstance : je croyais inutile de venir exprimer mon vœu ; les faits qui sont tous connus de nous, les faits qui sont consignés dans le rapport de la commission, me semblaient tellement graves, tellement propres à constater les plus grands crimes politiques qui aient été jamais commis chez les nations modernes, qu'il devait être superflu d'ajouter quelques considérations à l'appui des conclusions de la commission.

« Ce rapport est empreint d'une modération remarquable; un grand nombre de chefs très-graves y sont passés sous silence; je suis loin de le reprocher à la commission, car ce qu'elle a dit est plus que suffisant pour motiver l'accusation; je me serais donc tu, mais les débats et le système qu'ont développé plusieurs des orateurs que vous venez d'entendre, m'ont prouvé que j'aurais eu tort. En effet, ces orateurs, dans le dessein de sauver les anciens ministres, ont, ce me semble, commis une grande faute, et si la générosité de cette grande, de cette noble nation française, de cette population de Paris, n'était pas inépuisable, ces mêmes orateurs l'auraient mise à une épreuve cruelle.

« Les crimes sont avoués, ils ne sont justifiés par personne. Qui donc en est coupable ? (profonde sensation) voudriez-vous par hasard faire repentir cette nation généreuse de n'avoir pas frappé où elle devait frapper ? voudriez-vous faire remonter plus haut la cause de ces crimes ?

« Si les ministres n'étaient pas responsables, que devait donc faire la nation ? Cette idée n'est pas seulement venue dans l'esprit de cette nation sur laquelle on semble passer avec tant de dédain. Les préopinans auxquels je réponds, ne se sont occupés que d'une chute fameuse, d'une chute illustre, des malheurs d'une famille ; mais ces milliers d'hommes immolés quand ils ne voulaient rien que leurs droits, quand les plus effroyables complots étaient tramés depuis long-temps contre eux, n'ont-ils aucun droit à notre sympathie. (Marques très-vives d'adhésion, quelques applaudissemens se font entendre dans la tribune publique.)

« Pensez bien à ce dilemme. Il est impossible de l'éluder ; je n'en dirai pas davantage, je pense que tout le monde me comprend. Je ne blâme point les intentions des orateurs dont j'ai parlé ; mais je ne doute point que les moyens qu'ils ont employés n'aient mal servi leur cause. Je me serais abstenu de prendre la parole, soit au commencement, soit à la fin de cette discussion ; mais le premier orateur que vous avez entendu a rapporté le grand procès qui s'agite en ce moment sur une proposition faite par moi ; cette proposition n'est que le renouvellement d'une proposition que j'ai faite l'année dernière, et que je suis fort étonné de voir approuver aujourd'hui par ceux-là même qui autrefois l'avaient combattue, et je souhaite de la voir le plutôt possible discutée dans cette enceinte : je donnerais ma vie pour voir ce grand principe de la peine de mort proclamé par une assemblée toute française ; si je n'avais pas craint de porter du trouble dans la solennelle discussion où vous avez modifié notre pacte fondamental, j'aurais demandé, ce jour-là même, que la nation française reconnût l'inviolabilité de la vie de l'homme : c'est mon vœu le plus ardent ; j'appelle un prompt rapport de tous mes désirs, et avec la plus vive impatience, mais cela n'a rien de commun avec la solennelle discussion qui vous occupe.

SUITE DE LA DISCUSSION SUR LA MISE EN ACCUSATION DES MINISTRES.

(Séance du 28 septembre.)

M. le Président observe que la Chambre est en nombre suffisant pour délibérer. Le premier chef d'accusation contre M. de Peyronnet, est mis aux voix, et adopté à une grande majorité.

Le second chef est d'avoir attenté arbitrairement, et violemment aux institutions du royaume. Il est adopté à l'unanimité, moins deux voix.

Le troisième, est de s'être rendu coupable d'un complot attentatoire à la sûreté extérieure de l'Etat.

Le quatrième est d'avoir excité à la guerre civile, en armant ou en portant les citoyens à s'armer les uns contre les autres, et porté la dévastation et le massacre dans la capitale et dans plusieurs autres communes.

Ces deux derniers chefs sont admis à la même majorité, et l'on passe ensuite à l'épreuve du scrutin secret.

Nombre de votans 286
Boules blanches pour l'accusation . . 232
Boules noires contre l'accusation . . . 54

La Chambre accuse de trahison M. de Peyronnet, et le traduit devant la Chambre des pairs.

La Chambre s'occupe de l'accusation en ce qui concerne M. de Chantelauze.

M. Tardy (de la Loire) fait valoir quelques moyens atténuant en faveur de son collègue. « Un tel homme, dit-il, a pu commettre de grandes fautes politiques : de graves désastres publics ont pu être la suite des mesures auxquelles il a concouru ; mais la trahison était-elle dans son cœur? Son crime est surtout d'avoir donné dans son rapport au roi, une interprétation feinte à l'article 14 de la Charte ; mais c'est la main sur la conscience qu'il faut jurer si l'erreur est une trahison.

La mise en accusation de M. de Chantelauze est prononcée à une très-forte majorité.

Le scrutin secret a présenté le résultat suivant.

Nombre de votans	297
Boules pour l'accusation.	222
Boules contre l'accusation.	75

La mise en accusation de M. de Chantelauze est de nouveau prononcée.

On s'occupe de M. Guernon-Ranville. Beaucoup de députés prennent part aux débats qui s'élèvent à l'occasion du ministre de l'instruction publique ; on prend en considération la lettre de M. Crémieux, son défenseur, que M. le Président annonce avoir reçue, avant d'ouvrir la discussion. Nous en ferons connaître ci-après les principales circonstances.

Les trois premiers chefs d'accusation sont votés à une très-grande majorité.

Le quatrième chef est celui de l'excitation à la

guerre civile, en armant les citoyens les uns contre les autres.

Le cinquième chef d'accusation est voté à la même majorité que les précédens.

Un nouveau scrutin présente le résultat suivant.

Nombre de votans 289
Pour l'accusation. 215
Contre l'accusation. 74

M. Guernon-Ranville est pareillement traduit à la Chambre des pairs.

Dans son mémoire à la Chambre des députés, lu par M. Béranger en séance publique, M. Crémieux, défenseur de M. Guernon-Ranville, s'exprime ainsi :

« Considérant, Messieurs, que vous déciderez par un scrutin secret et individuel pour chaque ministre, si chacun d'eux doit être renvoyé devant la Chambre des pairs comme présumé coupable de trahison, pour avoir commis les divers crimes ou délits dont ils sont tous inculpés, vous avez pris la résolution, la seule qui fût digne de la Chambre : comment en effet concevoir une accusation en masse ?

« Or, Messieurs, cette prévention contre chacun des ministres, comment l'établirez-vous ? Le rapport de votre commission serait-il, passez-moi l'expression, un article de foi ? Mais déjà plus d'une erreur a été loyalement reconnue à la tribune. Dira-t-on qu'il suffit à cet égard de la clameur publique ? mais alors pourquoi délibérer ? pourquoi des formes solennelles ? pourquoi ce scrutin? dira-t-on enfin que la signature aux ordonnances prouve le crime? La décision prise dans la séance d'hier repousse une pareille objection : elle est injuste d'ailleurs; la raison la repousse, la loi la flétrit.

« Chez tous les peuples policés, ce n'est pas le fait matériel qui constitue le crime, c'est l'intention, la volonté de le commettre. Une Chambre de députés français rejetterait avec horreur un système qui placerait la culpabilité dans le fait.

« Ces réflexions me paraissent dignes de vos méditations : elles sont d'un haut intérêt pour Guernon-Ranville, dont la défense m'est confiée. »

Après avoir discuté chaque chef d'accusation, M. Crémieux termine ainsi son mémoire :

« Au nom de M. Guernon-Ranville, je sollicite de la Chambre des députés une résolution ainsi conçue : Attendu que la prévention du crime de trahison n'est pas suffisamment établie contre le délit de M. Guernon-Ranville, la Chambre déclare qu'il n'y a lieu à poursuivre contre lui. »

On passe à la partie de l'accusation qui concerne M. d'Haussez. Le premier chef d'accusation, qui est d'avoir faussé les élections, est admis à une faible majorité.

Les trois autres chefs sont accueillis à une plus forte majorité, et le scrutin secret a pour résultat l'adoption de l'ensemble de l'accusation.

Nombre de votans	273
Pour l'accusation	213
Contre l'accusation.	66

Les chefs d'accusation concernant M. de Montbel, ex-ministre des finances, sont aussi admis par assis et levé.

On procède au scrutin.

Nombre de votans	256
Pour l'accusation	187
Contre l'accusation	69

A l'égard des faits concernant M. le baron Capelle, ex-ministre des travaux publics, on admet aussi l'accusation.

Le scrutin présente le résultat suivant.

Nombre de votans	263
Pour l'accusation	202
Contre l'accusation	61

Les sept anciens ministres sont en conséquence accusés de trahison et renvoyés devant la Chambre des pairs.

Dans la séance du 29 septembre, M. le président fait observer que l'ordre du jour était la suite de la délibération sur la mise en accusation, et que la commission avait proposé de nommer trois commissaires pour suivre l'accusation devant la Chambre des pairs, lequel paragraphe de la commission est ainsi conçu :

« Trois commissaires pris dans le sein de la Chambre des députés, seront nommés par elle au scrutin secret et à la majorité absolue des suffrages pour, en son nom, faire toutes les requisitions nécessaires, soutenir et mettre à fin l'accusation devant la Chambre des pairs, à qui la présente résolution et toutes les pièces de la procédure seront immédiatement adressées. » M. le président ajoute : Je vais consulter la Chambre sur la nomination de trois commissaires. »

Le paragraphe est adopté à la presque unanimité.

MM. Béranger, Persil et Madier de Montjau, ayant réuni la majorité des suffrages, sont nommés commissaires.

La Chambre arrête que la résolution qu'elle vient de prendre pour l'accusation des derniers ministres de Charles X, sera transmise par un message à la Chambre des pairs.

CHAMBRE DES PAIRS.

(Séance du 1er octobre.)

M. Pasquier, président de la Chambre des pairs, donne communication du message de la Chambre des députés, qui traduit devant elle les sept ministres signataires des ordonnances du 25 juillet, et nomme trois commissaires pour soutenir l'accusation.

« Messieurs, ajoute M. le président, la position dans laquelle nous nous trouvons placés est entièrement nouvelle. Jusqu'ici, nous n'avons été constitués juges que pour statuer sur des accusations émanées de l'autorité royale. Il n'en est pas de même aujourd'hui : les députés usant du droit que leur confère l'article 56 de la Charte, renvoient devant vous les anciens ministres ; nous sommes appelés à nous former en cour de justice, et cet acte n'est pas émané du roi, il vient de la Chambre des députés.

« Il s'agit ici d'un acte formel, authentique, qui constitue la Chambre des pairs en cour de justice : j'ai rédigé un projet de cet acte ; je vais en donner lecture à la Chambre : le voici.

« La Chambre, vu le message à elle adressé, sous la date du 30 décembre dernier, portant communication de la résolution prise par la Chambre des députés dans sa séance du 28 du même mois et de la nomination des commissaires chargés de suivre et de soutenir l'accusation portée en ladite résolution,

« Arrête, qu'à l'effet de procéder ainsi qu'il appartiendra sur ladite résolution, elle se réunira en cour de justice lundi prochain, 4 du présent mois, à midi. »

M. Boissi-Danglas émet une opinion sur la prérogative de la Chambre des pairs, qui donne lieu à une assez longue discussion. « J'ai regardé, dit-il, la résolution de la Chambre des députés, comme étant hors de la légalité. » M. de Pontécoulant répond à son observation. « Sans aucun doute, dit-il, toute justice émane du roi ; mais la Charte qui a proclamé et établi ce principe, que je reconnais, a institué aussi la Chambre des pairs comme cour de justice ; nous tirons donc notre droit judiciaire de la même source de laquelle découle le droit de justice royale ; nous le tenons de la Charte constitutionnelle. Dans les jugemens que la Chambre des pairs, comme haute cour de justice, a eu à prononcer, elle n'a point adopté la formule, *Louis, par la grâce de Dieu, roi France, etc.* C'est par son propre droit, en son propre nom que la Chambre a rendu ses sentences; car elle ne tient ses pouvoirs que de la loi : il faut donc éloigner cette maxime, *que toute justice émane du roi*, elle n'est point applicable ici.

« Le préopinant a cru voir une illégalité dans la résolution de la Chambre des députés; c'est surtout pour répondre à cela que j'ai pris la parole. Non-seulement cette résolution n'est pas illégale à mes yeux, mais elle est, selon moi, la plus légale, la plus juste, la plus nécessaire. Messieurs, dans les attributions des deux Chambres, il y a une harmonie parfaite : leur pouvoir à l'égard des ministres et leur pouvoir à l'égard de la discussion des lois, sont également corrélatifs. La même loi y a pourvu; ainsi la Chambre des députés n'a nullement outre-passé ses pouvoirs. Elle a pensé avec raison qu'elle devait suivre la marche de la procédure ordinaire aux Chambres des mises en accusation. Elle s'est réservé à elle seule les conclusions à prendre devant les juges des ministres; elle était dans les strictes conditions de la légalité, etc. »

« M. le Président. Comme auteur de la proposition, je dois entrer ici dans quelques explications. Je n'ai pas voulu porter atteinte à la prérogative royale. La marche suivie m'a parue régulière, et, comme le préopinant, je pense qu'on ne pouvait pas en suivre une autre. »

M. de Barente exprime le désir d'annoncer au roi, par un message, sa constitution en haute cour de justice. M. Pasquier développe la pensée de M. de Barente, il convient que, par convenance, on doit ajouter à la résolution prise ce dernier paragraphe:

La Chambre arrête également que le président se retirera pardevant le roi pour donner connaissance à Sa Majesté du présent arrêté, et que la Chambre des députés en sera informée par un message.

Plusieurs pairs expriment leur opinion de cette importante discussion résumée par M. Décaze, qui démontre la nécessité d'une délibération immédiate pour la constitution en cour de justice. « Quant aux questions plus graves, dit-il, ren-« voyez-les à lundi, car vous serez avertis, et au-« jourd'hui vous ne l'étiez pas. Vous êtes pairs, « Messieurs, de plein droit: les ministres sont tra-« duits devant vous; qu'est-il donc besoin d'une « ordonnance royale? vous êtes dans l'exercice « entier du droit commun. Le propre de toute « justice est de se saisir par elle-même. Le moin-« dre tribunal se saisit des causes de sa compé-« tence, il enjoint à son parquet de les lui dé-« férer. Pensez-vous que ce droit inhérent à « l'exercice judiciaire, ce droit qu'aucune juri-« diction ne se laisse contester, ne vous soit pas « aussi attribué, à vous, Cour de si haute et de si « solennelle institution? J'adopte donc la propo-« sition faite par le président. » La proposition qui consiste dans la résolution rapportée plus haut est mise aux voix et adoptée presque à l'unanimité.

La Chambre des pairs s'est réunie le 4 octobre en cour de justice, ainsi qu'elle avait décidé en sa précédente séance. La délibération a commencé à midi et quart, et s'est prolongée jusqu'à huit heures et demie. Les membres présens étaient plus nombreux que de coutume; il n'en manquait que quarante.

Il a été décidé, au commencement de la séance, que M. le président s'empresserait de porter à la connaissance de tous les pairs absens de Paris ou hors de France, l'important devoir qu'ils étaient appelés a remplir, et afin de donner le temps à ceux qui sont en mission à l'étranger de se rendre à Paris, on a déterminé le 1er novembre comme l'époque la plus prochaine à laquelle pouvait avoir lieu le rapport de l'accusation judiciaire, composé du président et de MM. Seguier, Bastard d'Estang, et de Pontécoulant, qu'il s'est adjoint.

La noble Cour a passé à la discussion sur le mode de procéder; elle n'a pas cru devoir s'arrêter au principe que quelques pairs ont cherché à faire valoir, que les gens du roi devaient intervenir; elle a décidé que la Chambre, pouvoir suprême d'une nature qui sortait du droit commun, était entièrement maîtresse de déterminer les formes, et même de statuer sur la peine, et qu'en même temps que sa juridiction était circonscrite par les termes de trahison et de concussion, elle n'était astreinte à aucune loi; elle a pris l'arrêté suivant:

« La Cour des pairs, vu la résolution prise par

la Chambre des députés, dans sa séance du 28 septembre dernier, portant accusation de trahison contre MM. de Polignac, de Peyronnet, Chantelauze, de Guernon-Ranville, d'Haussez, Capelle et Montbel, ex-ministres, signataires des ordonnances du 25 juillet 1830;

« Vu le message en date du 30 septembre, portant communication deladite résolution à la Chambre des pairs, ensemble l'extrait du procès-verbal de la Chambre des députés, joint audit message, et constatant la nomination de MM. Béranger, Persil et Madier de Montjau, en qualité de commissaires chargés de suivre et soutenir, et mettre à fin, devant la Chambre des pairs, ladite accusation;

« Vu pareillement la délibération de la Chambre des pairs du 1er de ce mois, portant que la Chambre se réunira aujourd'hui en cour de justice, à l'effet de procéder ainsi qu'il appartiendra sur la résolution sus-énoncée, après en avoir délibéré;

« Considérant qu'aux termes 55 et 56 de la Charte de 1814, et 47 de 1830, la Chambre des pairs a seule le droit de juger les ministres accusés et traduits devant elle par la Chambre des députés pour fait de trahison;

« Considérant, d'une autre part, qu'avant de passer outre, au jugement de l'accusation portée par la Chambre des députés le 28 septembre dernier, il est nécessaire de vérifier et régler l'état de l'instruction et de la procédure, tant à l'égard des accusés détenus, qu'à l'égard de ceux qui ne sont pas arrêtés;

« Ordonne que par M. le président de la Chambre et par tels de MM. les pairs qu'il jugera convenable de commettre pour l'assister et le remplacer, s'il y a lieu, il sera procédé à l'examen des pièces transmises par la Chambre des députés, et de tous actes d'instructions qui pourraient être nécessaires pour l'éclaircissement et la qualification en fait; ainsi que pour la mise en état de procédure, lesquels actes d'instruction seront communiqués aux commissaires de la Chambre des députés pour être par eux fait telles réquisitions qu'ils jugeront convenables, pour, après lesdits examen et complément d'instruction terminés, et la procédure communiquée aux commissaires de la Chambre des députés, être fait tous rapports à la Cour, et être par elle statué ce qu'il appartiendra, les commissaires de la Chambre des députés appelés et entendus s'ils le requièrent;

« Ordonne pareillement, que lors desdits examen et complément d'instruction, les fonctions de greffier seront remplies par le garde des registres de la Chambre, lequel pourra s'adjoindre un commis assermenté pour le remplacer, s'il y a lieu, et que les citations et autres actes du ministère des huissiers seront faits par les huissiers de la Chambre. »

La Cour charge son président (délibération prise par la Cour le 4 octobre 1830) de rappeler par écrit à chacun de MM. les pairs la stricte obligation qui lui est imposée de se rendre aux audiences lors du jugement de l'accusation portée par la Chambre des députés, et de leur annoncer que la Cour soumettra à l'examen le plus rigoureux les motifs qui pourraient être allégués pour se dispenser de ce devoir; que toute absence, non suffisamment justifiée, sera vue par elle avec un vif déplaisir, et qu'il en sera fait mention au procès-verbal.

La Cour arrête en outre que la présente délibération sera publiée par la voie du *Moniteur*.

NOTA. Le même jour un message de la Chambre des pairs, sur l'arrêt qu'elle a rendu pour se constituer, fut adressé à la Chambre des députés; il est ainsi conçu :

« M. le président, j'ai l'honneur de vous adresser, dans le paquet ci-joint, expédition officielle de l'arrêt rendu par la Cour des pairs, et je vous prie de vouloir bien le transmettre à MM. les commissaires nommés par la Chambre des députés, pour soutenir devant la Chambre des pairs l'accusation comprise dans la résolution du 28 septembre dernier.

« Baron PASQUIER. »

Le bruit a couru, et quelques journaux l'ont répété, que les ex-ministres prisonniers seraient transférés de Vincennes au Petit-Luxembourg, le 7 octobre au soir; mais cette nouvelle n'avait aucun fondement. Tout fait croire que cette translation n'aura pas lieu avant le 20. Voici la description que l'on fait de la prison préparée pour lesdits ministres.

« Il a fallu, est-il dit, bien du travail pour

changer complètement cette charmante demeure en prison d'état.

« Non loin de la porte cochère, une porte basse a été pratiquée; il faut passer par trois guichets avant d'arriver sous le vestibule : ce vestibule est un corps-de-garde entouré de lits de camp. Les chambres des prisonniers sont au premier : on y pénètre par plusieurs portes en chêne, munies de verroux et de serrures à secret. L'appartement se compose de quatre chambres principales et d'un parloir. Le parloir est entouré d'un grillage très-épais, qui séparera le prévenu de tous les visiteurs qu'il pourra recevoir. Chaque appartement est précédé d'un guichet et entouré de petits cabinets où coucheront des sentinelles. On a pratiqué derrière le guichet une espèce de tambour en noyer, où se tiendra une sentinelle. Chaque côté de ce tambour est percée une petite fenêtre par laquelle les surveillans pourront voir le prisonnier à toute heure du jour et de la nuit, et dans toutes les places de l'appartement. Chaque prisonnier sera ainsi entouré de surveillans et de gardiens.

« Les cheminées sont murées, les fenêtres sont grillées ; à ce grillage est ajouté en dehors un vaste abat-jour qui s'élève presque au sommet de la fenêtre : le prisonnier ne pourra voir de sa chambre qu'un peu de ciel, le bout des arbres et le drapeau tricolore qui flotte sur le dôme du Luxembourg.

« L'ameublement de chaque accusé sera très-simple : un secrétaire, un lit et deux chaises ; le carreau a été mis en couleur et frotté ; il n'y a pas de tapis. Voilà pour l'intérieur.

« A l'extérieur de la prison, on n'a pas pris de moindres précautions : la cour est entourée de baraques pour les sentinelles ; le jardin est un véritable labyrinthe d'allées et de contre-allés. On a réservé le gazon pour y placer de l'artillerie. Il y aura aussi un poste de pompiers, et l'on fait une saignée au bassin pour être plus près de l'eau. Les accusés ne descendront dans la cour et dans le jardin que pour se rendre au Luxembourg, à travers une galerie formée par une double enceinte de palissades ; ils monteront le grand escalier entre deux haies de soldats ; cet escalier les mènera dans la salle vis-à-vis la barre, qui fera face à l'assemblée et au siége du président.

« Dans le jardin du Luxembourg, outre la cloison en planches qui existe déjà, sera établie une grille en fer, qui ne permettra d'approcher de la chambre qu'au-delà du bassin. Les ministres arrivant de Vincennes par l'allée de l'Observatoire, traverseront l'orangerie pour se rendre à leur nouvelle prison. »

Les réflexions suivantes, insérées dans le journal des *Débats*, du 9 octobre, sur l'abolition de la peine de mort, quoiqu'elles n'aient pas un rapport direct au procès des ministres, cependant elles s'y rattachent, et comme il ressort de cet acte mémorable un principe en politique et en morale dont les résultats sont immenses, acte dont ils (lesdits ministres) sont la cause anticipée et dont ils seront les premiers à profiter des incalculables bienfaits ; ces réflexions, disons-nous, nous ont paru d'une si grande importance, que nous avons jugé à propos de les rappeler ici. (*Adresse de la Chambre des députés, votée au roi dans la séance du* 8 *octobre, pour demander une loi sur l'abolition de la peine de mort.*)

« Nos présages, est-il dit, s'accomplissent, ou plutôt ils sont accomplis; la révolution de 1830 restera pure de vengeances, de justice même : elle n'aura versé d'autre sang que le sien propre, que celui qui a coulé au pied des barricades, du sein de ses défenseurs et de ses martyrs.

« La double séance de ce jour termine et couronne magnifiquement la première moitié de la session immense qui a commencé par renverser un trône de mille ans, et finit par abattre et mettre à néant les échafauds. Les héros de la révolution sont ceux qui sont venus demander qu'elle restât digne d'elle, en épargnant le sang *de ceux* qui ont fait couler le leur. Ainsi ils venaient réclamer une couronne à ajouter à leur couronne. La reconnaissance et l'admiration nationale les leur défèrent. C'est l'ame émue, les yeux humides de leur simple et timide langage que l'assemblée est entrée dans la discussion qui aplanit devant la France la dernière difficulté dont fut chargé notre avenir. »

M. de Tracy a exposé avec l'accent d'une conscience qui a des principes indépendans de la fortune, sa doctrine philosophique sur la peine de mort. Il a rappelé avec un orgueil que nous ne lui reprochons pas, car c'est celui de la probité politique, que la même proposition avait été faite par lui à la même tribune, il y a peu de mois; *non, il y a un siècle!...* Depuis lors, en effet, le torrent des révolutions a passé sur la France: alors des clameurs furibondes couvrirent sa voix. Aujourd'hui cette voix vertueuse a un écho dans tous les cœurs; aujourd'hui ces bancs, où éclataient les murmures, sont silencieux ou déserts : la cause de l'humanité n'y trouverait plus de contradicteur. On ne croyait pas à la raison et à la justice, on croit à la fortune; on plie la tête sous ses arrêts; on accepte, on salue ses démonstrations. Cette hache sanglante qu'on invoquait comme le véritable sceptre qui maîtrise la société et soutient les rois; cette hache terrible a changé de mains, et les mains auxquelles elle est passée, la rejettent et la brisent. Pourquoi n'a-t-on par écouté ce cri de la raison? Pourquoi n'avoir pas cédé plutôt à ce besoin du cœur? Pourquoi enfin la France entière n'a-t-elle pu entendre comme nous la voie du patiarche de notre révolution, de cet homme, le favori du ciel, qui a eu l'étrange fortune de combattre, adolescent, aux côtés de Washington; de tenter, dans un âge mur d'opposer la digue des lois à nos tourmentes, et de voir dans sa vieillesse la liberté française triompher et s'affermir en pardonnant. Elle triomphe, le suivant au combat; elle pardonne, et trouve comme lui que trop d'holocaustes sanglans entourèrent, il y a quarante ans, son berceau. Ah! la liberté n'a que trop alors multiplié ses victimes! Quelques-uns aujourd'hui, bien que coupables, vivront pour tant de victimes innocentes, immolées par eux impitoyablement!

« Quelque chose eût manqué à cette solennité nationale, si la Chambre seule s'en fût appropriée la gloire. Elle a voulu y associer le roi, dont le trône est sorti du milieu des barricades, et c'est Dupont de l'Eure, le magistrat antique, le magistrat de l'ère nouvelle, qui s'est engagé, au nom de la couronne, à nous donner, non pas peut-être tout ce que la philosophie demande, mais tout ce que la conscience publique exige. La France aura, comme disait Solon, non la loi meilleure, mais la meilleure loi que nous puissions supporter encore.

« L'impopularité est attachée à cette maxime, qu'il faut en politique tuer d'abord l'ennemi vaincu, parce que la colère publique irait peut-être en s'affaiblissant. La France doit profiter de ce qu'elle a devant elle de grands criminels, des criminels indéfendables, pour bien établir le principe magnanime de l'abolition de la peine de mort, et rendre difficile aux générations futures le besoin de frapper des têtes illustres et innocentes; de promener une *dame Rolland* sur la charrette fatale; de livrer à des bourreaux d'autres Ney, d'autres Bories, d'autres d'Enghien. Oui, la Chambre a rendu admirablement la pensée publique dans l'adresse qui vient d'être votée à une majorité immense.

« Un nouveau droit public commence pour les sociétes humaines; celui qui expire était écrit avec le glaive, il l'était en traits de sang; la France l'abroge; le genre humain lui en saura gré à jamais. Les longs applaudissemens qui ont récompensé dans l'histoire le roi de Syracuse, stipulant pour quelques victimes humaines, nous disent quelles acclamations attend dans l'univers la révolution qui conteste à l'homme le droit horrible de tuer l'homme. Cette révolution rassemble tous les triomphes, toutes les gloires.

« La Chambre des députés a bien rempli sa tâche : elle a su constituer le pays aussi vite que le pays a su combattre et vaincre. Envoyés pour sauver nos libertés menacées, nos députés trouvèrent nos libertés proscrites : ils ont pu les rendre et nous les laisser victorieuses et rajeunies. La tyrannie en vain s'est montrée un jour à eux dans tout l'appareil de son audace et de sa force : ils n'ont pas craint de venger le serment de Reims, en brisant les liens qui attachaient la France aux Bourbons, sans s'inquiéter s'ils ne brisaient pas ceux qui l'attachaient à l'Europe. Une seule chose les préoccupait, c'était le bon droit. Ils l'ont consacré dans la Charte, ce droit; ils l'ont fait passer dans tous leurs actes. Les factions les ont trouvés sans faiblesse comme sans violence. Cette assemblée a acquis une double gloire, que nulle autre n'a réunie encore dans l'univers, celle d'accomplir une révolution et de la régler. Elle a de plus stipulé pour son pays et pour le genre humain. »

Le même motif qui nous a fait juger convenable de rapporter les observations intéressantes qu'on vient de lire, nous porte à transcrire la lettre suivante :

Au rédacteur du journal des Débats.

Le 9 octobre 1830.

« Si le peuple avait été vaincu dans nos glorieuses journées, je ne sais ce que seraient devenus les journalistes, signataires de la protestation de la presse, contre qui des mandats d'arrêt avaient été décernés. Le peuple a triomphé : les ministres de Charles X sont sous le poids d'une accusation capitale : déjà des voix nombreuses et que la France n'entendra pas sans émotion, celles des blessés de la révolution, s'y sont élevées pour demander l'abolition de la peine de mort. Il me semble que les journalistes qui, le 26 juillet, prirent l'initiative du péril, doivent aussi dans cette occasion s'associer à l'initiative de la clémence. Partisan de l'abolition de la peine de mort en matière politique, je donne, comme signataire de la protestation, mon adhésion pleine et entière au vœu exprimé par la pétition des blessés, et je ne doute pas que tous ceux de mes collègues qui sont dans la même position que moi, ne partagent le sentiment émis dans cette lettre.

« Senty, *rédacteur du* Temps, *signataire de la protestation de la presse.* »

www.ingramcontent.com/pod-product-compliance
Ingram Content Group UK Ltd.
Pitfield, Milton Keynes, MK11 3LW, UK
UKHW021105220726
13924UKWH00004B/1518